Inhalt

Zur Einführung

Was will Philosophie?

1. Was kann ich wissen?
2. Was soll ich tun?
3. Was darf ich hoffen?
4. Was ist der Mensch?

Auf diese vier Fragen hat im Jahr 1800 Immanuel Kant die Aufgabe der Philosophie reduziert (Logik, ein Handbuch zu Vorlesungen). Danach hieße Philosophieren: Antworten suchen auf die vielerlei existentiellen Fragen, die sich dem Menschen auftun, der, wach geworden, nicht einfach alles als gegeben hinnimmt, sondern neugierig wird, sich wundert, sich irritiert, geängstigt, ja entmutigt fühlt, sich orientieren will.

Nicht anders das Philosophieren in der Antike; allerdings finden wir hier stets (nur) zwei Fragen: 1. Was ist der Ursprung der Dinge? 2. Wie kann ich glücklich leben?

Daß Fragen und Antworten je nach äußeren und inneren Gegebenheiten ausfallen, zumindest dem Geist ihrer Zeit unterworfen sind, kann nicht verwundern. Gemeinsam ist ihnen bei der fast ausschließlich intellektuellen Richtung, die die abendländische Philosophie eingeschlagen hat, eigentlich nur der Versuch, mit möglichst rationalen Mitteln zu möglichst universellen Erkenntnissen zu gelangen. Doch nicht nur über die Wege, wie man dieses Ziel erreicht, herrscht wenig Einvernehmen, auch das Ziel selbst wird, je differenzierter die Gedankenabläufe und die äußeren Bedingungen sind, wieder fragwürdig: Gibt es überhaupt absolute Erkenntnis? Kann die letzte Wahrheit vielleicht nur im Bild erschlossen werden?

Der antike griechische Begriff *philosophía* bezeichnet zunächst nur ‚Liebe zur Weisheit', Streben nach Wissen und Bildung also, und noch Sokrates verwendet ihn in diesem ‚dilettantischen' Sinn, wenn er sich als *philósophos* von den gewerbsmäßig und mit dem Anspruch auf sicheres Wissen auftretenden Sophisten abhebt. Erst bei Platon und Aristoteles wird *philosophía* zur Bezeichnung für die letztlich undefinierbare theoretische Disziplin, die nach der Erkenntnis des Seienden strebt, um das Handeln danach auszurichten, Wissenschaft, Weltanschauung und Lebenskunst in einem.

Philosophen verstehen sich als Aufklärer. In ganz besonderer Weise trifft das auf die Sophistik zu, eine Gruppe von Philosophen, die im Athen der Perikleszeit auftraten und – die Demokratie war der geeignete Nährboden hierfür – mit ihrer ausgefeilten Technik der Argumentation und Dialogführung eine Voraussetzung schufen für die Säkularisierung des öffentlichen Lebens. Wir ersparen uns hier die Diskussion darüber, wie der historische Sokrates zu den Sophisten stand: gemeinsam war beiden, daß sie in Konflikt mit der Staatsmacht gerieten, die noch von traditionellen Kräften beherrscht war. Auch inwieweit sie und nicht der Zeitgeist zur Zersetzung der alten mythisch-religiösen Vorstellungen beitrugen, ist letztlich belanglos, entscheidend ist, daß sie mit ihrer Demokratisierung der aristokratischen Bildungs-

und Standesprivilegien und ihrer Propagierung einer demokratischen Ethik die Voraussetzung dafür schufen, daß die Philosophie an die Stelle der Religion aufstieg, zur Weltanschauung wurde.

Philosophie in Rom

Hinz: Bist auch für die Philosophey?
Kunz: Was ist sie denn? so sag's dabei.
Hinz: Sie ist die Lehr', daß Hinz nicht Kunz,
und Kunz nicht Hinze sei.
Kunz: Bin nicht für die Philosophey.

Die beiden Vertreter des deutschen Spießbürgertums, die Matthias Claudius diesen kurzen Dialog führen läßt, könnten ebensogut typische Römer sein, spiegelt ihr Gespräch doch alle die Vorbehalte wider, denen die Philosophie in Rom zu republikanischer Zeit begegnete: Zwar weiß man nicht so recht, was es mit ihr auf sich hat, man spürt aber instinktiv, daß sie etwas mit dem Menschen zu tun hat. Man begnügt sich aber letztlich mit einer reichlich oberflächlichen Charakterisierung, um aus ihr eine etwas absurde, zumindest völlig überflüssige Beschäftigung zu machen, die man rigoros ablehnt, wenn man auch ein gewisses Mißbehagen seinem Gesprächspartner gegenüber nicht ganz los wird, er könnte doch etwas mit ihr zu tun haben und einem deshalb vielleicht sogar überlegen sein.

Die bäuerliche Herkunft der Römer und ihr jahrhundertelanger Kampf ums politische Überleben hatten von ihnen praktische Tugenden verlangt, Sparsamkeit, Fleiß, Einsatzbereitschaft, Ausdauer, dazu ein gesundes Mißtrauen gegenüber all dem Fremden, das argwöhnisch betrachtet wurde und zunächst einmal die Nagelprobe zweckdienlicher Nützlichkeit für die römische Sache zu bestehen hatte, ehe es ins eigene Wesen integriert werden konnte. Skepsis und Nüchternheit hatten die Römer bei allem Erfolgszwang, unter dem sie zeitlebens standen, zunächst auch vor der Verführung durch äußeren Glanz und elegante Tiraden bewahrt. *„Rem tene, verba sequentur!"* ist das lakonische Vermächtnis des alten Cato für den römischen Redner und Politiker. Es entspringt einer – typisch römischen – Abwehrhaltung Catos: Griechischer Geist pocht immer unüberhörbarer an die Pforten Roms, über Kriegsgefangene aus den siegreichen Kriegen Roms im Mittelmeerraum verbreitet sich intellektuelles und künstlerisch-zweckfreies Denken in den Familien der römischen Patrizier.

Dem gestärkten Selbstbewußtsein aufgrund der politisch-militärischen Dominanz folgt angesichts der griechischen Geisteskultur fast augenblicklich auch das unbehagliche Empfinden für ein Defizit, ein Minderwertigkeitsgefühl, das man einerseits nicht wahrhaben will, andererseits abzubauen versucht, indem man sich mehr und mehr mit Statussymbolen dieser griechischen Kultur umgibt.

Dieser Assimilationsprozeß vollzieht sich freilich nicht von einer Generation zur anderen. Gerade die künstlerische und wissenschaftliche Betätigung, die dem praktischen Sinn der Römer fernlag, blieb noch lange Zeit Sklaven und Griechen vorbehalten. Besonders die Philosophie hat es schwer, sich in Rom durchzusetzen, ist sie doch eine spekulative Wissenschaft, die in starkem Maße von der Realität abstrahiert. So braucht es uns nicht zu verwundern, daß die ersten Philosophen vor der Mitte des zweiten vorchristlichen Jahrhunderts mehrfach mit politischer Verfolgung zu rechnen hatten. Die Rhetorik, die anfangs mit der Philosophie in einem Atemzug genannt worden war, konnte sich – dank ihres engen Bezugs auf die Praxis des Forums – noch eher durchsetzen, etwa zu Beginn des ersten vorchristlichen Jahrhunderts, die Philosophie dagegen wird erst nach der Jahrhundertmitte durch Cicero in Rom heimisch, und auch er glaubt sich noch für seine Beschäftigung mit einer so unproduktiven Kunst entschuldigen zu müssen.

Ciceros Philosophieren

> *Nam cum otio langueremus et is esset rei publicae status, ut eam unius consilio atque cura gubernari necesse esset, primum ipsius rei publicae causa philosophiam nostris hominibus explicandum putavi.*

Dieser Satz zu Beginn von ‚De natura deorum' zeigt zur Genüge die Verlegenheit, in der Cicero sich angesichts seiner philosophischen Schriftstellerei befindet. Sein Unbehagen ist im Zusammenhang mit seiner gesellschaftlichen Stellung zu sehen, denn dergleichen unproduktiver Zeitvertreib ist eines römischen Senators, noch dazu eines Mannes, der zu den führenden Köpfen zählt, schlechterdings unwürdig. Bestenfalls Geschichtsschreibung sieht man einem Politiker in Rom nach und die Veröffentlichung seiner Reden; Philosophie bedarf in jedem Fall der Rechtfertigung. Erst *otium*, Freisein von (Staats-)Geschäften, erlaubt geistiges Tätigsein, nicht etwa ein innerer Drang nach Selbstfindung, nicht ein spezielles Berufensein, seinen Landsleuten etwas von dem mitzugeben, was einen selbst geprägt hat.

Aber: nicht der geringe Wert, den er selbst der Philosophie beimäße, ist für Ciceros schlechtes Gewissen verantwortlich, sondern die Krisensituation des Staates: Sie verlange eigentlich den aktiven Einsatz jedes verantwortungsbewußten Bürgers, erst recht den eines Princeps, der ein Programm entwickelt und in seinem Konsulat auch punktuell verwirklicht habe *(concordia ordinum; cum dignitate otium)*, das diese Krise überwinden, die Republik vor dem endgültigen Verfall bewahren könnte. Der behauptete Vorrang der Tagespolitik vor der Philosophie ist also situationsabhängig zu sehen, nicht prinzipieller Natur; so bewundert Cicero z.B. am älteren Scipio eine Lebensform, die *vita activa* und *vita contemplativa* im Dienst der *res publica* in idealem Sinn vereint. Und der jüngere Scipio ist in ‚De re publica' Protagonist seiner Überzeugung, daß Philosophieren sogar unabdingbare Voraussetzung für den Princeps und seine staatstragende Funktion ist.

Dies hat bereits der junge Cicero erkannt. In seiner rhetorischen Jugendschrift ‚De inventione' betont er, obwohl das Thema dieses Compendiums die *eloquentia* ist, gerade die Notwendigkeit der *sapientia* für den politisch Handelnden. Und diese Überzeugung ist nicht temporärer Natur, sie wird durch Ciceros anwaltliche wie politische Praxis immer wieder bestätigt. Schon an seiner Ausbildung hatte die Philosophie einen wesentlichen Anteil. Er nennt selbst die Akademiker Philon und Antiochus sowie die Stoiker Diodotos und Poseidonios als seine Lehrer. Durch die ersten wurde er für die Akademie gewonnen, die unmittelbar auf Platon zurückgehende Philosophenschule, der er sein Leben hindurch die Treue hielt.

Die philosophischen Schriften Ciceros sind in ganz wenigen Jahren entstanden, und zwar in zwei Komplexen: ‚De re publica' und ‚De legibus' zwischen 54 und 51, alles übrige zwischen 46 und 44 v. Chr. Andererseits ist in dieses Werk ein rund fünfzigjähriges Bemühen um Philosophie eingegangen, darunter sicher viele Reminiszenzen aus seinen Studienjahren, aber ebenso sicher auch viele Gedanken, die sich um solche ‚Fertigteile' rankten und sie in eine andere, neue Ordnung brachten. Entscheidend ist die Intention: Cicero erhebt nicht den Anspruch, ein originaler Denker zu sein; was er beabsichtigt, ließe sich wohl am ehesten an jener Schrift zeigen, mit der er für das Philosophieren warb und die leider verlorenging, dem ‚Hortensius': dazu aufzufordern, sich mit Philosophie zu beschäftigen, sein Leben unter die Ägide der Philosophie zu stellen. *Cohortati sumus ad philosophiae* (oder *philosophandi*) *studium,* sagt er von sich selbst (vgl. Text 1 in diesem Band).

Nicht ein geschlossenes philosophisches System will Cicero seinen Lesern präsentieren – das könnte auch angesichts der starken Zersplitterung seiner Freunde, der gebildetsten Römer seiner Zeit, auf die verschiedensten philosophischen Schulen nur unerträgliche Anmaßung sein –, sondern sie in ihrer Anstrengung unterstützen, sich mit philosophischen Fragen auseinanderzusetzen. Und er will neue Freunde für die Philosophie gewinnen.

Daß er hierzu auch unter den bereits gedachten Gedanken die geeignetsten auswählt, darf nicht gegen ihn sprechen. Ciceros sogenannter Eklektizismus (meist schwingt bei dieser Charakterisierung ein vorwurfsvoller Unterton mit) versetzt ihn gerade in die Lage, als Mittler im eigentlichen Wortsinn tätig zu werden, nicht dogmatisch festgelegt auf bestimmte Doktrinen oder ein eng umrissenes System, sondern offen für die eigentliche Aufgabe der Philosophie: die Reflexion nicht nur über den untersuchten Gegenstand, sondern auch über sich selbst und ihre Methoden. Nur so konnte Cicero im übrigen auch beweglich genug bleiben für die besonderen Bedürfnisse Roms, die mehr der praktischen als der theoretischen Seite der Philosophie angehören: Nur als Eklektizist konnte er im Rom seiner Zeit Erfolg haben.

Diesem Bestreben kam die akademische Schule, zu der Cicero sich immer wieder bekennt, in einzigartiger Weise entgegen, war sie doch durch ihre skeptische Haltung selbst nicht festgelegt wie die anderen philosophischen Richtungen, sondern behielt im Gegensatz zur Gebundenheit der Dogmatiker die *integra iudicandi potestas* (‚Lucullus' 8). Abgesehen davon, daß gerade für den Redner die Möglichkeit der dialektischen Argumentation (*in utramque partem dicere*: ‚Lucullus' 7), die v. a. Philon praktizierte, besonders wichtig ist: mit seinem Verständnis für die Gegenseite, seiner Offenheit anderen Einstellungen gegenüber, seiner Fähigkeit, Anregungen verschiedener Provenienz integrierend zu verarbeiten, erweist sich der akademische Standpunkt als der wohl geeignetste Mittler.

Ciceros philosophisches Werk

Salve primus omnium parens patriae appellate, primus in toga triumphum linguaeque lauream merite et facundiae Latinarumque litterarum parens aeque (ut dictator Caesar, hostis quondam tuus, de te scripsit) omnium triumphorum laurea maiorem, quanto plus est ingenii Romani terminos in tantum promovisse quam imperii!

Diese Laudatio Caesars auf Cicero hat uns der ältere Plinius im anthropologischen Teil seiner breit angelegten enzyklopädischen Naturkunde überliefert; die Formulierung weist eindeutig von der Form auf die Inhalte. Die Erweiterung des geistigen Gesichtskreises und Bewußtseins der Römer erfolgt über das philosophische Werk Ciceros, d.h. konkret durch die Einbeziehung der Philosophie in das von jedem Römer der Oberschicht anzustrebende Ideal des *orator perfectus*. Diese Verbindung fällt bei einer Betrachtung der Liste von Ciceros theoretischen Schriften (vgl. auch Text 1 in diesem Band) besonders ins Auge:

Rhetorici libri (De inventione) – das rhetorische Jugendwerk, nach 86 entstanden: ein Handbuch über die Schulregeln der Redekunst, das aber nur bis zur Darstellung der *inventio* fertiggestellt wurde
De oratore – Ciceros rhetorisches Hauptwerk, Ende 55 vollendet, die Frucht seiner unfreiwilligen Muße während des Triumvirats: ein – diesmal vollständiger – Abriß des rhetorischen Systems
Partitiones oratoriae – ein kleiner in Frage-und-Antwort-Form geschriebener Katechismus der Rhetorik auf akademischer Grundlage, wohl für die Unterrichtung des Sohns ca. 54 verfaßt
De re publica – das staatspolitische Hauptwerk über den besten Staat und den besten Bürger, an dem er von 54 an arbeitete und das er 51 vor seiner Abreise in die Provinz Kilikien herausgab; nur unvollständig überliefert
De legibus – eine Ergänzung zu ‚De re publica', 52-51 niedergeschrieben, aber nicht veröffentlicht: eine Schrift über die besten Gesetze und die Staatsverwaltung; nur fragmentarisch überliefert
Brutus – eine auf kurzen Charakteristiken der römischen Redner basierende Geschichte der Beredsamkeit; Anfang 46 verfaßt
Paradoxa – die rhetorische Behandlung der sieben Paradoxen (Thesen) der stoischen Schule; Anfang 46 verfaßt, unvollständig überliefert
De optimo genere oratorum – ursprünglich die Einleitung zu einer Übersetzung von Reden des Demosthenes und Aischines; 46 verfaßt
Orator – eine rhetorische Lehrschrift, in deren Mittelpunkt die Stilarten und der Rhythmus stehen; Mitte September 46 vollendet
Consolatio – eine Trostschrift, um den Schmerz über den Tod der im Februar 45 verstorbenen Tochter Tullia zu lindern; nicht überliefert
Hortensius – die Einleitung zu der geplanten Gesamtdarstellung der Philosophie, ein sogenannter ‚Protreptikos', d.h. eine Aufmunterung zur Philosophie und ihre Verteidigung gegen Angriffe; Mitte März 45 vollendet, nicht überliefert
Academici libri – die Darstellung der Erkenntnistheorie und Dialektik in zwei sehr unterschiedlichen Auflagen, beide aus dem Jahr 45:

a) Academici priores in zwei Büchern, Catulus und (erhalten) **Lucullus**
b) **Academici posteriores**, erhalten nur der Anfang des ersten von vier Büchern
De finibus bonorum et malorum – die Behandlung der Schulansichten über die Maßstäbe, an denen ethisches Handeln auszurichten ist; vollendet Juni 45
Tusculanae disputationes – vom Herbst 45 behandeln in Ergänzung zu ‚De finibus' mögliche Störfaktoren der ‚Eudaimonia': Todesfurcht, körperliche Schmerzen, Leidenschaften, äußere Übel
De natura deorum – die Darstellung der Götterlehre Epikurs und der Stoa aus akademischer Sicht; verfaßt Ende 45
Cato maior de senectute – die Verteidigung des Greisenalters; Anfang 44
De divinatione – ein Dialog über die Möglichkeiten und Grenzen einer Vorhersage der Zukunft; April 44
Laelius de amicitia – das hohe Lob der Freundschaft; im Mai 44 verfaßt
De fato – die Diskussion der Stellung des Menschen zwischen Schicksalsabhängigkeit und Willensfreiheit; Juni 44
De gloria – zwei Bücher über die Bedeutung des Ruhms; Juli 44, nicht überliefert
Topica – eine für den Gebrauch in der juristischen Praxis gedachte rhetorische Topik, in deren Mittelpunkt die Argumentationslehre steht; Juli 44
De officiis – eine Darstellung der Pflichtenlehre in drei nichtdialogischen Büchern; vollendet im Dezember 44
De virtutibus – eine Ergänzung zu ‚De officiis'; vollständig verloren

Die Einbeziehung der Philosophie in den verbindlichen Bildungskanon, das Rückgängigmachen der Trennung von Rhetorik und Philosophie, Sprache und Denken erlebte der junge Cicero selbst in seiner Ausbildung, es wurde aber erst durch den älteren Cicero zum Allgemeingut. Es verweist auf das Humanitas-Ideal, eine neue Bildungstheorie, wenn nicht ein neues Menschenbild, das durch Cicero erst erfolgreich propagiert wurde. Der *vir bonus dicendi peritus* Catonischer Prägung wird zum rundum gebildeten Menschen, dem die Öffnung gegenüber Philosophie, Wissenschaft und Kunst erst zum eigentlich menschenwürdigen Menschsein verhilft. Allein durch diese kulturphilosophische Leistung verdient Cicero einen Platz unter den Großen der Geistesgeschichte.

Philosophieren mit Cicero

> *Cicero liefert keine Lösungen, oder er liefert sie höchstens so, wie er seine philosophischen Lösungen verstanden wissen will: nur speciminis causa, als Beweis einer prinzipiellen Lösungsmöglichkeit, ohne dogmatischen Gültigkeitsanspruch. Ciceros Werk, als ein ganzes, gibt auf fast jede Frage mehr als eine Antwort. Aber jede Antwort ist nichts als eine andere Form der Frage an die Nachwelt, die ihre Antwort selber suchen muß und finden soll.*

Mit diesen Worten faßt Otto Seel (Cicero: Wort, Staat, Welt, Stuttgart 1953) das Wesentliche von Ciceros Intentionen zusammen, sein Vermächtnis gewissermaßen an seine Zeitgenossen wie an uns: eine nachdrückliche Aufmunterung, wie er Fragen zu stellen und nach eigenen Lösungsmöglichkeiten zu suchen. Das will auch der Titel unserer Textauswahl andeuten, die unter dem Motto steht: Philosophieren mit Cicero.

Seine Philosophie fordert geradezu heraus zu eigener Aktivität. *Humanitas* – so sein Modell – vollzieht sich schließlich nicht im Stillen und Privaten allein, ist nichts, was nur das philosophierende Individuum selbst beträfe, wenn es zunächst auch allein gefragt ist: in der Ausbildung seiner geistig-kulturellen Anlagen, im Entwurf einer eigenen Lebensstrategie. Beide müssen sich dann aber umsetzen in mitmenschliches Handeln in Staat und Gesellschaft, müssen sich bewähren in der Praxis des Lebens. Der fehlende Dogmatismus Ciceros ist hierbei keineswegs ein Mangel, sondern eine Chance, behindert doch kein starres Lehrsystem, kein inadäquater, nicht einsichtig zu machender Zwang die eigene freie Entscheidung. Zudem ist das Modell anpassungsfähig genug, Geltung zu behalten auch unter geänderten politischen wie gesellschaftlichen Verhältnissen.

Nicht ein Kompendium von Ciceros Philosophie wird hier also vorgelegt (obwohl man auch das hier finden kann), sondern eine Anregung in Ciceros Sinn, seine Darlegungen zur eigenen Bewußtseinsbildung aufzugreifen. Sicher ist Cicero nicht der einzige, der uns heute dazu verführen will, aber er ist jedenfalls einer, der uns am wenigsten gängelt, nicht Indoktrination ist seine Absicht, sondern gerade unsere Selbständigkeit. Der Griff in die Geschichte des menschlichen Denkens fördert manches zutage, was sich reaktivieren läßt, zeigt mögliche Wege, auch Irrwege, auf. Natürlich hat Cicero nicht Philosophiegeschichte geschrieben, bestenfalls Problemgeschichte. Die Beschränkung der Perspektive in seinen jeweiligen Schriften muß gebührend berücksichtigt werden, will man den zitierten Philosophen gerecht werden; besonders gilt das für Epikur, der hier nur ausschnittsweise, meist noch verfälscht durch das manchmal traurige Bild, das seine Anhänger boten, in den Blick gerät, zumal sich seine Vorstellungen am weitesten von den für Cicero akzeptablen Lösungsmöglichkeiten entfernen.

Die Beschränkung der Perspektive auf einzelne Problemstellungen gibt andererseits die Möglichkeit, das ganze Spektrum der philosophischen Disziplinen kennenzulernen; auch insofern eignet sich Cicero hervorragend zur Einführung in die Philosophie.

Von ihr sagt Luciano De Crescenzo, der sich besonders um die Aktualisierung der antiken Philosophie verdient gemacht hat, im ersten Band seiner ‚Geschichte der griechischen Philosophie' (Zürich 1985):

> *Die Philosophie ist eine lebenswichtige Praxis, auch im Alltag sehr nützlich, leider aber wurde ihr Studium nie zwangsweise eingeführt wie etwa die allgemeine Wehrpflicht. Wenn es nach mir ginge, würde ich sie in den Lehrplan jeder Schule aufnehmen; doch fürchte ich, man sieht sie heute als eine überholte Materie an und will sie durch die modernen „Human- und Sozialwissenschaften" ersetzen – was ungefähr auf das gleiche herauskommt, wie wenn man das Studium der Arithmetik abschaffte, nachdem die Grünkramhändler mit dem Computer rechnen.*

Proömium: Der Autor und die Philosophie

Ein Blick auf das gesellschaftliche und kulturelle Umfeld, in das Ciceros Philosophieren eingebettet ist, muß am Ausgangspunkt unserer Beschäftigung mit seiner und der antiken Philosophie stehen. Wenn wir von der rhetorischen Jugendschrift absehen, ist es schließlich kein Unbekannter, der hier als Schriftsteller an die Öffentlichkeit tritt, sondern der Staranwalt Roms, der auch politisch Karriere gemacht hat und auf beiden Gebieten als unbestrittene Autorität gilt.

Am 3. Januar 106 v. Chr. in Arpinum, einer Volskerstadt ca. hundert Kilometer südöstlich von Rom, als Sohn eines römischen Ritters geboren, hat Cicero die bestmögliche Erziehung und Ausbildung genossen, um als *homo novus* in den Senat eintreten und den *cursus honorum* durchlaufen zu können. Seinen Durchbruch als Anwalt schafft er schon mit seinen ersten Prozessen, seine korrekte, uneigennützige Amtsführung als Quästor in Sizilien (75 v. Chr.) empfiehlt ihn für weitere Aufgaben, die ihm das römische Volk im jeweils frühestmöglichen Alter überträgt, eine Bilderbuchkarriere also, die primär seinen charakterlichen und intellektuellen Qualitäten zu verdanken ist: 69 kurulischer Ädil, 66 Prätor (mit seiner ersten Staatsrede setzt er sich dafür ein, Pompeius den Oberbefehl im Krieg gegen den asiatischen Rebellenkönig Mithridates zu übertragen), 63 Konsul. Die Niederschlagung der Catilinarischen Verschwörung bringt ihn auf den Höhepunkt seines politischen Wirkens, bietet seinen politischen Gegnern bei den Popularen aber auch die Handhabe, ihn 58 in die Verbannung zu treiben.

Trotz der triumphalen Heimkehr nach etwa eineinhalb Exiljahren und eines Programms der nationalen Einheit bleibt er seit der Konferenz von Luca im Jahr 56, auf der das Triumvirat erneuert wird, ohne wirklichen Einfluß auf die Politik; seine erste schriftstellerische Periode beginnt.

Nach seiner Rückkehr von der Statthalterschaft in Kilikien, wohin die neuen Machthaber ihn schließlich abgeschoben haben, unternimmt er zu Beginn des Jahres 49 vergebliche Versuche, zwischen Caesar und Pompeius zu vermitteln und die Republik zu retten; halbherzig schließt er sich Pompeius an, wird von Caesar schließlich begnadigt, bleibt aber politisch weiterhin kaltgestellt. 46 beginnt seine zweite schriftstellerische Periode.

Nach der Ermordung Caesars erlebt er 44 einen neuen politischen Aufschwung: als Führer der Senatspartei kämpft er für die Erhaltung der Republik gegen Antonius, wird aber durch das zweite Triumvirat 43 selber zum Verfolgten, am 7. Dezember ereilt ihn das Schicksal.

Seine politische und anwaltliche Tätigkeit und seine gesellschaftliche Exponiertheit haben also die Voraussetzung dafür geschaffen, daß Cicero auch mit seinem schriftstellerischen Werk beim römischen Publikum Gehör findet. Von Jugend an philosophisch geschult – eine Bildungsreise 79-77 nach Griechenland und Kleinasien hat diese Studien ebenso vertieft wie sein gesellschaftlicher Umgang mit Gebildeten unterschiedlicher Couleur –, ist er der Mann, die ursprüngliche Einheit von Philosophie und Beredsamkeit wiederherzustellen, die Rhetorik in Rom auf ein höheres Niveau zu heben und den Gedanken an eine neue Bildung philosophisch-literarischer Prägung zu propagieren. So gelangt die Philosophie und die Idee der *humanitas*, einer umfassenden Charakter- und Geistesbildung, aus der Privatsphäre weniger römischer Aristokraten in den Bereich öffentlicher Kultur.

Cicero über seine philosophische Schriftstellerei **1**

(De divinatione 2,1-7)

Wie Cicero zum Inbegriff unserer klassischen Bildungstradition werden konnte, verstehen wir wohl am besten mit Hilfe eines der Proömien, in denen er sich selbst zu Anlaß, Art und Umfang seines schriftstellerischen Bemühens um die Einbürgerung der Philosophie in Rom äußert. Im folgenden Text aus dem Frühjahr 44 zeigt sich neben der Systematik seines Programms vor allem auch das ungeheure Engagement, mit dem er sich dieser selbstgestellten Aufgabe unterzogen hat.

Quaerenti mihi multumque et diu cogitanti, quanam re possem prodesse quam plurimis, ne quando intermitterem consulere rei publicae, nulla maior occurrebat, quam si optimarum artium vias traderem meis civibus; quod compluribus iam libris me arbitror consecutum.

– Nam et cohortati sumus, ut maxime potuimus, ad philosophiae studium eo libro, qui est inscriptus „Hortensius", et, quod genus philosophandi minime arrogans maximeque et constans et elegans arbitraremur, quattuor „Academicis" libris ostendimus.
Cumque fundamentum esset philosophiae positum in „finibus bonorum et malorum", perpurgatus est is locus a nobis quinque libris, ut, quod a quoque et quid contra quemque philosophum diceretur, intellegi posset.

– Totidem subsecuti libri „Tusculanarum disputationum" res ad beate vivendum maxime necessarias aperuerunt: primus enim est de contemnenda morte, secundus de tolerando dolore, de aegritudine lenienda tertius, quartus de reliquis animi perturbationibus, quintus eum locum complexus est, qui totam philosophiam maxime illustrat: docet enim ad beate vivendum virtutem se ipsa esse contentam.

Häufiger vorkommende Vokabeln sind in einem Lernwortschatz zusammengestellt; auf sie wird in den Erläuterungen nur noch mit der Nummer verwiesen, unter der sie dort aufgeführt sind (z. B. quinam *68*). Zu den Namen der griechischen Philosophen und ihrer Schulen wird auf das Namenverzeichnis S. 84–87 verwiesen.*

Text 1

quinam *68 • **optimae artēs:** *unter* artes *sind allgemein die griechischen Kulturfertigkeiten zu verstehen, hier insbesondere Rhetorik und Philosophie* **(5) cohortārī:** ermuntern, anfeuern • **īnscrībere:** betiteln • **Hortensius:** *zu diesem und den folgenden Titeln vgl. die Werkübersicht Seite 9/10* • **philosophārī:** philosophieren • minime *75 • **arrogāns,** ntis: dünkelhaft, anmaßend • elegans *36; fundamentum *41 **(10) perpūrgāre:** (gründlich reinigen), intensiv behandeln • **locus** *(hier)*: Thema • **totidem:** ebenso viele • **subsequī:** unmittelbar folgen • disputatio *42 **(15) aegritūdō:** Kummer • **lēnīre:** lindern • **perturbātiō:** Störung, Leidenschaft • complectī *32 • **illūstrāre:** anschaulich machen, Glanz verleihen • contentus *52

- Quibus rebus editis tres libri perfecti sunt „de natura deorum", in quibus omnis eius loci quaestio continetur. Quae ut plene esset cumulateque perfecta, „de divinatione" ingressi sumus his libris scribere. Quibus (ut est in animo) „de fato" si adiunxerimus, erit abunde satisfactum toti huic quaestioni.
- Atque his libris annumerandi sunt sex „de re publica" – quos tunc scripsimus, cum gubernacula rei publicae tenebamus –, magnus locus philosophiaeque proprius, a Platone, Aristotele, Theophrasto totaque Peripateticorum familia tractatus uberrime.
- Nam quid ego de „consolatione" dicam? quae mihi quidem ipsi sane aliquantum medetur, ceteris item multum illam profuturam puto. Interiectus est etiam nuper liber is, quem ad nostrum Atticum „de senectute" misimus. In primisque, quoniam philosophia vir bonus efficitur et fortis, „Cato" noster in horum librorum numero ponendus est.
- Cumque Aristoteles itemque Theophrastus – excellentes viri cum subtilitate, tum copia – cum philosophia dicendi etiam praecepta coniunxerint, nostri quoque oratorii libri in eundem numerum referendi videntur. Ita tres erunt „de oratore", quartus „Brutus", quintus „orator".

Adhuc haec erant; ad reliqua alacri tendebamus animo, sic parati, ut – nisi qua causa gravior obstitisset – nullum philosophiae locum esse pateremur, qui non Latinis litteris illustratus pateret. Quod enim munus rei publicae afferre maius meliusve possumus, quam si docemus atque erudimus iuventutem? his praesertim moribus atque temporibus, quibus ita prolapsa est, ut omnium opibus refrenanda ac coercenda sit.

Nec vero id effici posse confido – quod ne postulandum quidem est –, ut omnes adulescentes se ad haec studia convertant. Pauci utinam! quorum tamen in re publica late patere poterit industria. Equidem ex his

---

(20) quaestiō: Frage, Untersuchung, Thema • **cumulātē** *(Adv.)*: gehäuft, reichlich • **dīvīnātiō**: Weissagung • **abundē** *(Adv.)*: übergenug • **satisfacere**: Genüge leisten, hinlänglich behandeln • **annumerāre**: hinzuzählen **(25) gubernāculum**: Steuer (-ruder) • **ūber**, eris: fruchtbar, ergiebig, reichhaltig • **nam** *(hier)*: ferner, außerdem, und dann • **cōnsōlātiō**: Tröstung, Trostschrift • **medērī**: heilen, trösten **(30)** T. Pomponius **Atticus**: *langjähriger Freund Ciceros, zugleich sein Verleger, ein reicher Grundbesitzer und Geschäftsmann, der über zwanzig Jahre in Athen gelebt hat* • **Catō**: *die Schrift aus dem Frühjahr 45 ist eine Verherrlichung des jüngeren Cato und damit ein Protest gegen die Politik Caesars* • excellere *58 • **subtīlitās**: Gründlichkeit, Scharfsinn **(35) ōrātōrius**: rhetorisch • **ōrātor**: Redner • referre in *37 **(37) alacer** (cris, cre): munter, eifrig • **obsistere**, ō, stitī: in den Weg treten **(40) ērudīre**: ausbilden, erziehen • praesertim *74 • **prōlābī**, or, lāpsus sum: herabsinken • **refrēnāre**: zügeln, zurückhalten • **sē convertere**: sich zuwenden, sich widmen • **utinam**: o wenn doch! **(45) industria**:

etiam fructum capio laboris mei, qui iam aetate provecti in nostris libris acquiescunt; quorum studio legendi meum scribendi studium vehementius in dies incitatur; quos quidem plures, quam rebar, esse cognovi. Magnificum illud etiam Romanisque hominibus gloriosum, ut Graecis de philosophia litteris non egeant; quod assequar profecto, si instituta perfecero.

Ac mihi quidem explicandae philosophiae causam attulit gravis casus civitatis, cum in armis civilibus nec tueri meo more rem publicam nec nihil agere poteram nec, quid potius, quod quidem me dignum esset, agerem, reperiebam. Dabunt igitur mihi veniam mei cives, vel gratiam potius habebunt, quod, cum esset in unius potestate res publica, neque ego me abdidi neque deserui neque afflixi neque ita gessi, quasi homini aut temporibus iratus, neque ita porro aut adulatus aut admiratus fortunam sum alterius, ut me meae paeniteret. Id enim ipsum a PLATONE philosophiaque didiceram naturales esse quasdam conversiones rerum publicarum, ut eae tum a principibus tenerentur, tum a populis, aliquando a singulis.

Quod cum accidisset nostrae rei publicae, tum – pristinis orbati muneribus – haec studia renovare coepimus, ut et animus molestiis hac potissimum re levaretur et prodessemus civibus nostris, qua re cumque possemus. In libris enim sententiam dicebamus, contionabamur, philosophiam nobis pro rei publicae procuratione substitutam putabamus. Nunc, quoniam de re publica consuli coepti sumus, tribuenda est opera rei publicae, vel omnis potius in ea cogitatio et cura ponenda, tantum huic studio relinquendum, quantum vacabit a publico officio et munere.

Fleiß, Einsatz • late patere *19 • **aetāte prōvectus:** im vorgerückten Alter • **acquiēscere:** Ruhe, Trost finden • **māgnificus:** großartig, prächtig • **glōriōsus:** ruhmvoll **(52) explicāre:** darstellen, erörtern **(55) venia:** Verzeihung • **sē affligere,** ō, flīxī, flīctum: zu Boden stürzen, sich grämen • **īrātus:** erzürnt • porro *73 • **adulārī,** or, adulātus sum: schmeicheln, kriechen vor • **mē paenitet** + *Gen.*: ich ärgere mich über • naturalis *4 **(60) conversiō:** Umwandlung, Veränderung • **prīstinus:** ehemalig, früher • **orbātus:** verwaist, beraubt • **renovāre:** wieder aufgreifen • **molestia:** Beschwernis, Druck • **quā rē cumque:** womit auch immer **(65) cōntiōnārī:** öffentlich (vor der Volksversammlung) reden • **prōcūrātiō:** Verwaltung • **substituere,** ō, uī, ūtum: an die Stellen setzen • cogitatio *26; vacare *18

2 Cicero als Vermittler griechischer Philosophie
(De finibus bonorum et malorum 1,1-11)

„Philosophie? – nein, danke!" scheint – wie noch zu Zeiten des alten Cato – die Reaktion vieler Römer auf Ciceros Publikationen gewesen zu sein. Daß gerade die geistig aufgeschlossene römische Oberschicht seiner Pionierarbeit auf diesem Gebiet mit erheblichen Vorbehalten begegnet, veranlaßt ihn in einem Proömium aus dem Frühsommer 45 zu einer leidenschaftlichen Verteidigung seiner Bemühungen.

Non eram nescius, Brute, cum, quae summis ingeniis exquisitaque doctrina philosophi Graeco sermone tractavissent, ea Latinis litteris mandaremus, fore, ut hic noster labor in varias reprehensiones incurreret.

- Nam quibusdam, et iis quidem non admodum indoctis, totum hoc displicet: philosophari.
- Quidam autem non id tam reprehendunt, si remissius agatur; sed tantum studium tamque multam operam ponendam in eo non arbitrantur.
- Erunt tamen – et ii quidem eruditi Graecis litteris – contemnentes Latinas, qui se dicant in Graecis legendis operam malle consumere.
- Postremo aliquos futuros suspicor, qui me ad alias litteras vocent, genus hoc scribendi, etsi sit elegans, personae tamen et dignitatis esse negent.

Contra quos omnes dicendum breviter existimo; quamquam philosophiae quidem vituperatoribus satis responsum est eo libro, quo a nobis philosophia defensa et collaudata est, cum esset accusata et vituperata ab Hortensio. Qui liber cum et tibi probatus videretur et iis, quos ego posse iudicare arbitrarer, plura suscepi veritus, ne movere hominum studia viderer retinere non posse.

Text 2

nōn nescius: sehr wohl wissend • Marcus Iunius **Brūtus:** *(der Caesarmörder) ihm hat Cicero nicht nur die vorliegende Schrift gewidmet, sondern auch schon 'De natura deorum' und 'Tusculanae disputationes' sowie 'Brutus' und 'Orator'* • **summīs ... doctrīnā (philosophī):** *Abl. qual.* • **exquīsītus:** ausgesucht, ausgezeichnet • **doctrīna:** Gelehrsamkeit • **reprehēnsiō:** Tadel • **incurrere in:** stoßen auf • **nōn admodum** *(Adv.)*: nicht völlig, nicht ganz • **indoctus:** ungebildet • **displicēre** ↔ placere

(5) philosophārī: philosophieren • **remissus:** gemäßigt, maßvoll **(9) ērudītus:** gebildet • elegans *38 • **persōnae et dīgnitātis est:** es entspricht meiner Person und öffentlichen Stellung

(14) quamquam *(im Hauptsatz)*: indes • vituperare *53 • **collaudāre:** sehr loben • Q. **Hortēnsius** Hortalus *(114–50): berühmter Redner, oft Ciceros Gegner vor Gericht; die ihm gewidmete, Anfang 45 vollendete Schrift 'De philosophia', meist 'Hortensius' genannt, ist leider verloren* • **tibi:** *Dat. auct.* • **(studia hominum) movēre/retinēre:** wecken/wachhalten

Qui autem – si maxime hoc placeat – moderatius tamen id volunt fieri, difficilem quandam temperantiam postulant in eo, quod semel admissum coerceri reprimique non potest, ut propemodum iustioribus utamur illis, qui omnino avocent a philosophia, quam his, qui rebus infinitis modum constituant in reque eo meliore, quo maior sit, mediocritatem desiderent.

Sive enim ad sapientiam perveniri potest, non paranda nobis solum ea, sed fruenda etiam est; sive hoc difficile est, tamen nec modus est ullus investigandi veri, nisi inveneris; et quaerendi defatigatio turpis est, cum id, quod quaeritur, sit pulcherrimum. Etenim si delectamur, cum scribimus, quis est tam invidus, qui ab eo nos abducat? Sin laboramus, quis est, qui alienae modum statuat industriae? [...]

Iis igitur est difficilius satisfacere, qui se Latina scripta dicunt contemnere. In quibus hoc primum est, in quo admirer, cur in gravissimis rebus non delectet eos patrius sermo, cum iidem fabellas Latinas ad verbum e Graecis expressas non inviti legant. [...]

Si nos non interpretum fungimur munere, sed tuemur ea, quae dicta sunt ab iis, quos probamus, eisque nostrum iudicium et nostrum scribendi ordinem adiungimus, quid habent, cur Graeca anteponant iis, quae et splendide dicta sint neque sint conversa de Graecis? Nam si dicent ab illis has res esse tractatas, ne ipsos quidem Graecos, est, cur tam multos legant, quam legendi sunt. [...]

Quodsi Graeci leguntur a Graecis isdem de rebus alia ratione compositis, quid est, cur nostri a nostris non legantur? Quamquam, si plane sic verterem PLATONEM aut ARISTOTELEM, ut verterunt nostri poetae fabulas, male, credo, mererer de meis civibus, si ad eorum cognitionem divina illa ingenia transferrem. Sed id neque feci adhuc nec mihi tamen, ne faciam, interdictum puto. Locos quidem quosdam, si videbitur, transferam – et maxime ab iis, quos modo nominavi –, cum inciderit, ut id apte fieri possit. [...]

---

(20) moderātus: gemäßigt • temperantia *50 • **semel** *(Adv.)*: einmal • **admissus**: in Gang gesetzt, begonnen • **reprimere**: zurückdrängen • **propemodum** *(Adv.)*: beinahe • **iūstiōribus ūtī illīs**: mehr Verständnis finden bei denen • **āvocāre**: abraten • infinitus *24 • **mediocritās**: Mittelmäßigkeit, Kompromiß **(27) investīgāre**: aufspüren, erforschen • **dēfatīgātiō**: Ermüdung • invidus *58 • **abdūcere**: abbringen • **industria**: Fleiß

(31) satisfacere alicui: jmd. zufriedenstellen, überzeugen • **in quō admīrer** = de quo admirer • **fābella**: Geschichtchen, schwaches Schauspiel • **ad verbum**: wortwörtlich • exprimere *33 **(35) interpretum mūnere fungī** *(hier)*: wie Dolmetscher verfahren • anteponere *64 • **splendidus**: glänzend • **convertere**, ō, vertī, versum: übersetzen • **Sb nē...legant**: est, cur ne ipsos quidem Graecos tam multos legant **(41)** quodsi *70 • **quamquam** *(im Hauptsatz)*: indes • **ad cōgnitiōnem trānsferre**: dem Verständnis zuführen, vermitteln **(46)** (**locōs**) **transferre**: wörtlich übersetzen • **interdīcere**: verbieten •

Sed ex eo credo quibusdam usu venire, ut abhorreant a Latinis, quod inciderint in inculta quaedam et horrida, de malis Graecis Latine scripta deterius. Quibus ego assentior, dum modo de isdem rebus ne Graecos quidem legendos putent. Res vero bonas verbis electis graviter ornateque dictas quis non legat? [...]

Ego autem mirari satis non queo, unde hoc sit tam insolens domesticarum rerum fastidium. Non est omnino hic docendi locus; sed ita sentio et saepe disserui: Latinam linguam non modo non inopem, ut vulgo putarent, sed locupletiorem etiam esse quam Graecam. Quando enim nobis – vel dicam aut oratoribus bonis aut poetis, postea quidem quam fuit, quem imitarentur – ullus orationis vel copiosae vel elegantis ornatus defuit?

Ego vero, quoniam forensibus operis, laboribus, periculis non deseruisse mihi videor praesidium, in quo a populo Romano locatus sum, debeo profecto, quantumcumque possum, in eo quoque elaborare, ut sint opera, studio, labore meo doctiores cives mei, nec cum istis tantopere pugnare, qui Graeca legere malint – modo legant illa ipsa, ne simulent –, et iis servire, qui vel utrisque litteris uti velint vel, si suas habent, illas non magnopere desiderent.

Qui autem alia malunt scribi a nobis, aequi esse debent, quod et scripta multa sunt – sic ut plura nemini e nostris – et scribentur fortasse plura, si vita suppetet; et tamen, qui diligenter haec, quae de philosophia litteris mandamus, legere assueverit, iudicabit nulla ad legendum his esse potiora.

---

ex eō, quod ...: aus folgendem Grund: ... • **ūsū** *(Dat.)* **venīre** zur Gewohnheit werden • abhorrere *57 **(50) incidere in**: stoßen auf • **incultus**: kunstlos, geschmacklos • **horridus**: widerwärtig • **dēterior**: schlechter • **assentīrī**: zustimmen, beipflichten • **ēligere**: auswählen, auslesen • **ōrnātus**: geschmackvoll • **quīre**, queō: können, vermögen • **insolēns**, ntis: ungewöhnlich, unerhört, unverschämt • **domesticus**: häuslich, heimisch **(55) fastīdium**: Verachtung, Widerwille • **docēre** *(hier)*: weitschweifige Erklärungen abgeben • **inops**, pis: arm, dürftig • **vulgō** *(Adv.)*: allgemein • **locuplēs**, plētis: reich • **ōrātor**: Redner • **posteā quidem quam** = postquam quidem • copiosus *47; elegans *38 • **ōrnātus**, ūs: Redeschmuck **(60) forēnsēs operae**: Tätigkeit auf dem Forum *(als Gerichtsredner und Politiker)* • **praesidium dēserere**: den Posten verlassen • **quantumcumque possum**: wie sehr ich auch immer kann, nach Kräften • **ēlabōrāre**: sich anstrengen • **tantopere** *(Adv.)*: so sehr • **modo nē** *(mit Konjunktiv)*: wofern nur ... und nicht **(68) nēmini** *sc.* scripta sunt: *Dat. auct.* • **suppetere**: ausreichen • **assuēscere**: sich gewöhnen

I. Physik und Metaphysik

Als der Peripatetiker Andronikos von Rhodos zu Beginn des ersten vorchristlichen Jahrhunderts in seiner Aristoteles-Gesamtausgabe 14 Einzelschriften des großen Meisters unter einem Buchtitel zusammenfaßte und hinter die Bücher über die Physik *(metà tà physiká)* stellte, entstand ein bleibender Begriff; Aristoteles' Intentionen entsprach er allerdings nicht, weil diese Bücher gerade das behandeln, was allen üblichen wissenschaftlichen und philosophischen Disziplinen vorausgeht: eine wissenschaftstheoretische Begründung der letzten Grundprinzipien der Dinge *(prima philosophia)*. Bei den Neuplatonikern (5. Jh.) wurde er dann auf alles übertragen, was jenseits des Physischen, der rein körperlichen Erfahrungswirklichkeit, liegt. Metaphysik ist als philosophische Grundwissenschaft die Lehre vom Unerfahrbaren, die nach den Voraussetzungen unserer Wirklichkeitserfahrung, den Grundbedingungen des Seienden forscht.

Der Teilbegriff Physik ist bei dieser Begriffsbestimmung keineswegs identisch mit der heutigen naturwissenschaftlichen Disziplin, also der empirischen Erforschung der physikalischen Phänomene, sondern leitet sich von der ursprünglichen Bedeutung von *physis* ab, dem (Geboren-)Werden und dem Urgrund, aus dem dieses kommt. *Physis* bezeichnet mehr als das lateinische *natura* das eigentlich Seiende, das sich in seiner Transzendenz nur spekulativem Denken erschließt, nicht der sinnlichen Wahrnehmung. Und so haben die ionischen Naturphilosophen, die am Anfang der abendländischen Philosophiegeschichte stehen, nicht nur erste Schritte auf dem Weg naturwissenschaftlicher Forschung gemacht (Thales wird die Voraussage der Sonnenfinsternis von 585 zugeschrieben), sondern in ihrer Suche nach der *arché*, dem Anfang und Urprinzip des Seins, tiefgründige spekulative Schlüsse gezogen.

Was die Vorsokratiker vorzugsweise betreiben, ist also Ontologie, die Lehre vom Seienden (die Bezeichnung taucht Anfang des 17. Jahrhunderts auf und wird seit dem 18. gebräuchlich, ist aber auf Parmenides' Naturauffassung zurückzuführen). Während die experimentelle Naturwissenschaft der Neuzeit sich vor allem auf die Untersuchung des Faktischen eines Vorgangs beschränkt, forschen die griechischen Philosophen nach der *physis* – dem Grund – und nach dem *télos* – dem Zweck und Ziel, der Vollkommenheit – der Dinge, weshalb man diese Welterklärungsversuche auch ‚teleologisch' nennt.

So stellt sich der Ontologie als weitere Teildisziplin der Metaphysik fast zwangsweise die Lehre vom höchsten Sein zur Seite, die Gotteslehre, Theologie (als Begriff erstmals bei Platon, die heutige Bedeutung als Glaubenswissenschaft erhält er erst nach 1200 mit der Hochscholastik), die das Seiende in seinem Bezug auf den letzten jenseits aller Erfahrung liegenden Grund hin betrachtet: Dasein, Wesen und Wirken des Göttlichen. In der Regel schließen sich daran auch eine Kosmogonie (Lehre von der Weltentstehung) und Kosmologie (Lehre vom Aufbau der Welt) als weitere mögliche Teilgebiete der Metaphysik an. Der philosophischen Anthropologie, die die Stellung des Menschen in diesem Kosmos untersucht, und der damit eng verbundenen Psychologie widmen wir ein eigenes Kapitel als Vorstufe der Ethik.

3 Abriß der griechischen Philosophie
(De natura deorum 1,25-36)

Ein Rückblick auf die Philosophie bis Aristoteles bildet den Einstieg in die Diskussion der Schrift „De natura deorum". Als Hauptredner im 1. Buch läßt Cicero den (uns sonst nicht bekannten) Senator C. Velleius auftreten. Er stellt die epikureische Lehre dar; zuvor gibt er einen kritischen Überblick über die griechische Philosophie. Seine Kritik setzt dabei am Anspruch der sogenannten Naturphilosophen an, Aufschlüsse nicht nur über die Bausteine der Welt, sondern zugleich auch über die Prinzipien des Seins zu geben.

THALES enim Milesius, qui primus de talibus rebus quaesivit, aquam dixit esse initium rerum, deum autem eam mentem, quae ex aqua cuncta fingeret – si dei possunt esse sine sensu; et mentem cur aquae adiunxit, si ipsa mens constare potest vacans corpore?

ANAXIMANDRI autem opinio est nativos esse deos longis intervallis orientis occidentisque eosque innumerabiles esse mundos – sed nos deum nisi sempiternum intellegere qui possumus?

Post ANAXIMENES aëra deum statuit eumque gigni esseque immensum et infinitum et semper in motu – quasi aut aër sine ulla forma deus esse possit, cum praesertim deum non modo aliqua, sed pulcherrima specie deceat esse, aut non omne, quod ortum sit, mortalitas consequatur.

Inde ANAXAGORAS, qui accepit ab Anaximene disciplinam, primus omnium rerum discriptionem et modum mentis infinitae vi ac ratione dissignari et confici voluit. In quo non vidit neque motum sensu iunctum et continentem infinito ullum esse posse neque sensum omnino, quo non ipsa natura pulsa sentiret. Deinde, si mentem istam quasi animal aliquod voluit esse, erit aliquid interius, ex quo illud animal nominetur; quid autem interius mente: cingatur igitur corpore externo; quod quoniam non placet – aperta simplexque mens nulla re adiuncta, quae sentire possit –, fugere intellegentiae nostrae vim et notionem videtur.

Crotoniates autem ALCMAEO, qui soli et lunae reliquisque sideribus animoque praeterea divinitatem dedit, non sensit sese mortalibus rebus inmortalitatem dare.

Text 3

Zu den einzelnen Philosophen vgl. u. S. 83ff. sowie Z 3 im Arbeitskommentar.
dē tālibus rēbus: *gemeint ist das Verhältnis von Gott und Welt* • vacare *18 **(5) nātīvus:** entstanden *(der Ursprung des Seins ist das Grenzenlos-Unbestimmbare, griech. ‚Apeiron')* • **intervallum:** Zeitraum • innumerabilis *23; mundus *1; sempiternus *25 • **quī:** *adverbial* • aër *(Akk.* aëra*)* *3; gigni *10 *(in der theologischen Konsequenz dürfte sich C. getäuscht bzw. seine Vorlage mißverstanden haben)* • **immēnsus:** unermeßlich • infinitus *24 **(10)** praesertim *74 • **decet:** es ziemt sich, es gehört sich • **mortālitās:** Sterblichkeit, Vergänglichkeit • discriptio *40 • **dissīgnāre:** anordnen, einrichten **(14) mōtus sēnsū iūnctus et continēns:** eine mit der Empfindung vereinte unendliche Bewegung *(Velleius setzt den 'Nous' des Anaxagoras, das abstrakte Prinzip eines allmächtigen Geistes, hier mit einem persönlichen Gott gleich)* • externus *22; simplex *20; intellegentia *27; notio *29

Nam PYTHAGORAS, qui censuit animum esse per naturam rerum omnem intentum et commeantem, ex quo nostri animi carperentur, non vidit distractione humanorum animorum discerpi et lacerari deum et, cum miseri animi essent, quod plerisque contingeret, tum dei partem esse miseram, quod fieri non potest. Cur autem quicquam ignoraret animus hominis, si esset deus? Quomodo porro deus iste, si nihil esset nisi animus, aut infixus aut infusus esset in mundo?

Tum XENOPHANES, qui mente adiuncta omne praeterea, quod esset infinitum, deum voluit esse, de ipsa mente item reprehendetur ut ceteri, de infinitate autem vehementius, in qua nihil neque sentiens neque coniunctum potest esse.

Nam PARMENIDES quidem commenticium quiddam: coronae similem efficit – στεφάνην appellat – continentem ardorum lucis orbem, qui cingit caelum, quem appellat deum; in quo neque figuram divinam neque sensum quispiam suspicari potest. Multaque eiusdem monstra, quippe qui bellum, qui discordiam, qui cupiditatem ceteraque generis eiusdem ad deum revocet, quae vel morbo vel somno vel oblivione vel vetustate delentur; eademque de sideribus, quae reprehensa in alio iam in hoc ommittantur.

EMPEDOCLES autem multa alia peccans in deorum opinione turpissime labitur. Quattuor enim naturas, ex quibus omnia constare censet, divinas esse vult; quas et nasci et exstingui perspicuum est et sensu omni carere.

Nec vero PROTAGORAS, qui sese negat omnino de deis habere, quod liqueat (sint, non sint qualesve sint), quicquam videtur de natura deorum suspicari.

→

(21) lūna: Mond • sidus *2 **(25) intentus et commeāns,** ntis: rastlos durchströmend • **carpere:** abpflücken • **distractiō:** Aufteilung, Zertrennung • **discerpere:** zerpflücken, zerstückeln • **lacerāre:** zerreißen, zerfleischen • porro *73 **(30) īnfīxus:** befestigt, eingepflanzt • **īnfūsus:** eingegossen • mundus *1

(35) commentīcius: erlogen, erfunden; **commentīcium quiddam** *sc.* dicit • **corōna:** Kranz, (Kugel-)Sphäre; στεφάνη ('stephánē') *griech.*: Kranz • **continēns ārdōrum lūcis orbis:** ein ununterbrochener glühender Kreis von Lichtern *(die 'Kugelkrone' bzw. Sphäre der Welt, in deren Mitte Parmenides die Gottheit sieht, wird von Cicero hier mit einer ihrer wesenhaften Eigenschaften gleichgesetzt)* • **quippe** *(Adv.)*: freilich; **quippe quī ... revocet:** *In Gott vereinigen sich nach Parmenides die Gegensätze – schon Heraklit hatte den Krieg als den 'Vater aller Dinge' bezeichnet, bei Parmenides kommt* cupiditas = *Eros als Urtrieb zur Verbindung des Entgegengesetzten (der beiden Geschlechter) hinzu. Velleius kritisiert hier mehr die Begriffe als die Sache, außerdem verdrängt er die Gottheit aus der Mitte von Parmenides' Welt an die Peripherie* • figura *6 • **quispiam** = quisquam • **mōnstrum:** Ungeheuer, Ungeheuerlichkeit • **discordia:** Zwietracht

(40) revocāre ad: beziehen auf, ableiten von • **oblīviō:** Vergessen • **vetustās:** Alter • **eademque dē ...:** dasselbe gilt für ... • **in aliō** *sc.* loco

(44) lābī: straucheln, unrecht tun • **nātūrae** *pl. (hier)*: Elemente • perspicuus *39 • **liquet:** es ist deutlich, verläßlich

Quid Democritus, qui tum imagines eorumque circumitus in deorum numero refert, tum illam naturam, quae imagines fundat ac mittat, tum sententiam intellegentiamque nostram – nonne in maximo errore versatur? Cum idem omnino, quia nihil semper suo statu maneat, neget esse quicquam sempiternum, nonne deum omnino ita tollit, ut nullam opinionem eius reliquam faciat?

Quid aër, quo Diogenes Apolloniates utitur deo, quem sensum habere potest aut quam formam dei?

Iam de Platonis inconstantia longum est dicere, qui in „Timaeo" patrem huius mundi nominari neget posse, in „Legum" autem libris, quid sit omnino deus, anquiri oportere non censeat. Quod vero sine corpore ullo deum vult esse – ut Graeci dicunt ἀσώματον –, id quale esse possit, intellegi non potest: careat enim sensu necesse est, careat etiam prudentia, careat voluptate, quae omnia una cum deorum notione comprehendimus. Idem et in „Timaeo" dicit et in „Legibus" et mundum deum esse et caelum et astra et terram et animos et eos, quos maiorum institutis accepimus. Quae et per se sunt falsa perspicue et inter se vehementer repugnantia.

Atque etiam Xenophon paucioribus verbis eadem fere peccat; facit enim in his, quae a Socrate dicta rettulit: Socratem disputantem formam dei quaeri non oportere eundemque et solem et animum deum dicere et modo unum, tum autem plures deos; quae sunt isdem in erratis fere, quibus ea, quae de Platone dicimus.

Atque etiam Antisthenes in eo libro, qui physicus inscribitur, populares deos multos naturalem unum esse dicens tollit vim et naturam deorum. Nec multo secus Speusippus Platonem avunculum subsequens et vim quandam dicens, qua omnia regantur, eamque animalem, evellere ex animis conatur cognitionem deorum.

Aristotelesque in tertio de philosophia libro multa turbat a magistro suo Platone dissentiens; modo enim menti tribuit omnem divinitatem, modo mundum ipsum deum dicit esse, modo alium quendam praeficit mundo eique eas partes tribuit, ut replicatione quadam mundi motum regat atque tueatur, tum caeli ardorem deum dicit esse – non intellegens

---

(50) tum ... tum ... tum ...: bald ... bald ... bald • **imāginēs**: *(hier)* die Sternbilder • **circumitus, ūs**: Umlauf • referre *37; intellegentia *27; error *43; sempiternus *25 **(56)** aër *3 • **incōnstantia**: Inkonsequenz **(60) anquīrere**: untersuchen • ἀσώματος, ον (asómatos, on) *griech.*: körperlos *(vgl. 'somatisch')* • **quāle** = quomodo • notio *29; mundus *1 **(65) astrum**: Stern • **eōs** *sc.* deōs, quōs ... • perspicuus *39; repugnans *46 **(71) errātum**: Irrtum, Fehler • **physicus**: Naturforscher, Naturphilosoph • **īnscrībere**: betiteln **(75) secus** *(Adv.)*: anders • **avunculus**: Onkel • **subsequī**: unmittelbar folgen • **animālis**: belebt, beseelt • **ēvellere**: herausreißen, tilgen • cognitio *28 • **multa turbāre**: viel Verwirrung stiften • magister *66 • **dissentīre**: im Widerspruch stehen • **Sb 79–82: modo ... modo ... tum ...** • **(81) replicātiō**: kreisförmige Bewegung • **caelī ārdor**: das Himmelsfeuer •

caelum mundi esse partem, quem alio loco ipse designarit deum. Quomodo autem caeli divinus ille sensus in celeritate tanta conservari potest? Ubi deinde illi tot dii, si numeramus etiam caelum deum? Cum autem sine corpore idem vult esse deum, omni illum sensu privat, etiam prudentia. Quo porro modo deus moveri carens corpore aut quomodo semper se movens esse quietus et beatus potest?

Nec vero eius condiscipulus Xenocrates in hoc genere prudentior est, cuius in libris, qui sunt de natura deorum, nulla species divina describitur; deos enim octo esse dicit, quinque eos, qui in stellis vagis nominantur, unum, qui ex omnibus sideribus, quae infixa caelo sint, ex dispersis quasi membris simplex sit putandus deus, septimum solem adiungit octavamque lunam; qui quo sensu beati esse possint, intellegi non potest.

Ex eadem Platonis schola Ponticus Heraclides puerilibus fabulis refersit libros et tamen modo mundum, tum mentem divinam esse putat, errantibus etiam stellis divinitatem tribuit sensuque deum privat et eius formam mutabilem esse vult eodemque in libro rursus terram et caelum refert in deos.

Nec vero Theophrasti inconstantia ferenda est: modo enim menti divinum tribuit principatum, modo caelo, tum autem signis sideribusque caelestibus.

Nec audiendus eius auditor Strato – is, qui physicus appellatur –, qui omnem vim divinam in natura sitam esse censet, quae causas gignendi, augendi, minuendi habeat, sed careat omni et sensu et figura.

Zeno autem – ut iam ad vestros, Balbe, veniam – naturalem legem divinam esse censet eamque vim obtinere recta imperantem prohibentemque contraria. Quam legem quomodo efficiat animantem, intellegere non possumus; deum autem animantem certe volumus esse. Atque hic idem alio loco aethera deum dicit: si intellegi potest nihil sentiens deus, qui numquam nobis occurrit neque in precibus neque in optatis neque in votis. Aliis autem libris rationem quandam per omnium naturam rerum pertinentem vi divina esse adfectam putat. Idem astris hoc idem tribuit, tum annis, mensibus annorumque mutationibus. Cum vero Hesiodi

---

dēsīgnāre: bezeichnen • celeritas *16 **(86) prīvāre:** berauben • porro *73 • **prūdēns,** ntis: klug **(90) dēscrībere:** darstellen • **stēlla vaga:** Planet • sidus *2 • **īnfīgere,** ō, fixī, fixum: befestigen • **dispersus:** zerstreut • membrum *7; simplex *20 **(95) schola:** Schule • **fābulae puerīlēs:** Kindermärchen • refercire *17; mundus *1 • **stēlla:** Stern • **mūtābilis:** veränderlich • referre *37 **(101) prīncipātus,** ūs: Vorrang

audītor: Hörer, Schüler • gignere *10; figura *6 **(106)** Q. Lucilius **Balbus** *fungiert als Vertreter der stoischen Schule in Ciceros Dialog.* • **nātūrālem lēgem dīvīnam esse:** *die Formulierung ist – vielleicht absichtlich – mißverständlich: von der Stoa wird nicht das Gesetz vergöttlicht, sondern Gott als das Gesetz angesehen.* • animans *5 **(110) aethēr,** is *m.* (*Akk.* aethera): obere Luftschicht, Himmelsraum • **sī intellegī potest:** vorausgesetzt, man kann sich vorstellen • **optātum:** Wunsch • **vōtum:** Gelübde • **astrum:** Stern, Sternbild • **annōrum mūtātiō:** Wechsel der Jahreszeiten • **Hēsiodus:** *epischer griechischer*

„Theogoniam", id est originem deorum, interpretatur, tollit omnino usitatas perceptasque cognitiones deorum; neque enim Iovem neque Iunonem neque Vestam neque quemquam, qui ita appelletur, in deorum habet numero, sed rebus inanimis atque mutis per quandam significationem haec docet tributa nomina.

4 Die Gottesvorstellung Epikurs

(De natura deorum 1,45-53)

Die Gedanken, mit denen EPIKUR Wesen und Existenz der Götter zu erklären und zu rechtfertigen versucht, sind vor dem Hintergrund seines materialistischen Weltbildes zu sehen. Es geht wie das DEMOKRITS von einer unendlichen Menge unteilbarer und qualitativ unveränderlicher Elementarteilchen aus, durch deren unaufhörliche Vereinigung und Trennung alle Dinge entstehen, sich wandeln, vergehen (Atomismus). Dabei erscheinen Vorbestimmung und Willensfreiheit, Zufall und Notwendigkeit, Wirklichkeit und Transzendenz in einem nicht bis ins einzelne erklärbaren Wirkungsgeflecht (Kontingenz).

Quae enim nobis natura informationem ipsorum deorum dedit, eadem insculpsit in mentibus, ut eos aeternos et beatos haberemus. Quodsi ita est, vere exposita illa sententia est ab EPICURO: quod beatum aeternumque sit, id nec habere ipsum negotii quicquam nec exhibere alteri, itaque neque ira neque gratia teneri, quod, quae talia essent, imbecilla essent omnia.

Si nihil aliud quaereremus, nisi ut deos pie coleremus et ut superstitione liberaremur, satis erat dictum; nam et praestans deorum natura hominum pietate coleretur, cum et aeterna esset et beatissima – habet enim venerationem iustam, quicquid excellit – et metus omnis a vi atque ira deorum pulsus esset; intellegitur enim a beata immortalique natura et iram et gratiam segregari; quibus remotis nullos a superis impendere metus. Sed ad hanc confirmandam opinionem anquirit animus et formam et vitam et actionem mentis atque agitationem in deo.

Dichter um 700; sein Epos 'Theogonie' ('Abstammung der Götter') befaßt sich mit der Entstehung der Welt und den Götterdynastien. **(115) orīgō**: Ursprung • **interpretārī**: erklären • **ūsitātus**: üblich • **perceptus**: anerkannt • cognitio *28 • **inanimus**: leblos, unbeseelt • **mūtus**: stumm • **significātiō**: bildhafte Auslegung

Text 4

īnfōrmātiō: Vorstellung, Begriff • **īnsculpere**, ō, sculpsī, sculptum: einmeißeln, einprägen • quodsi *70 • **exhibēre**: verursachen • **grātia** *(hier)*: Zuneigung • imbecillus *21

(7) pius: fromm • **superstitiō**: Aberglaube, abergläubische Furcht • **venerātiō**: Verehrung • excellere *63 • **sēgregāre**: entfernen, ausschließen • **impendēre**: drohen • **anquīrere**: nachforschen, Auskunft verlangen • **agitātiō**: Betätigung, Bewegung

Ac de forma quidem partim natura nos admonet, partim ratio docet. Nam a natura habemus omnes omnium gentium speciem nullam aliam nisi humanam deorum; quae enim forma alia occurrit umquam aut vigilanti cuiquam aut dormienti? Sed ne omnia revocentur ad primas notiones, ratio hoc idem ipsa declarat.

Nam cum praestantissimam naturam, vel quia beata est vel quia sempiterna, convenire videatur eandem esse pulcherrimam, quae compositio membrorum, quae conformatio liniamentorum, quae figura, quae species humana potest esse pulchrior? [...]

Quodsi omnium animantium formam vincit hominis figura, deus autem animans est, ea figura profecto est, quae pulcherrima est omnium. Quoniamque deos beatissimos esse constat, beatus autem esse sine virtute nemo potest nec virtus sine ratione constare nec ratio usquam inesse nisi in hominis figura, hominis esse specie deos confitendum est. Nec tamen ea species corpus est, sed quasi corpus, nec habet sanguinem, sed quasi sanguinem. [...]

Et quaerere a nobis, Balbe, soletis, quae vita deorum sit quaeque ab is degatur aetas. Ea videlicet, qua nihil beatius, nihil omnibus bonis affluentius cogitari potest. Nihil enim agit, nullis occupationibus est implicatus, nulla opera molitur, sua sapientia et virtute gaudet, habet exploratum fore se semper cum in maximis, tum in aeternis voluptatibus.

Hunc deum rite beatum dixerimus, vestrum vero laboriosissimum. Sive enim ipse mundus deus est, quid potest esse minus quietum quam nullo puncto temporis intermisso versari circum axem caeli admirabili celeritate: nisi quietum autem nihil beatum est; sive in ipso mundo deus inest aliquis, qui regat, qui gubernet, qui cursus astrorum, mutationes temporum, rerum vicissitudines ordinesque conservet, terras et maria contemplans hominum commoda vitasque tueatur, ne! ille est implicatus molestis negotiis et operosis. Nos autem beatam vitam in animi securitate et in omnium vacatione munerum ponimus.

---

(17) vigilāre: wach sein • **dormīre**: schlafen • **revocāre ad**: beziehen auf • notio *29; **prīma nōtiō** *ist ein vor allem Erkennen vorausgesetzter Vorbegriff, dem von den Sensualisten, Epikureern wie Stoikern, Evidenz zuerkannt wird.* **(20)** sempiternus *25 • **compositiō**: Anordnung • membrum *7 • **cōnfōrmātiō**: Gestalt, Bildung • **līneāmenta**, ōrum: Umrisse, Konturen • figura *6; quodsi *70; animans *5 **(27) usquam** *(Adv.)*: irgendwo • **cōnfitērī**: bekennen, zugestehen

(31) Balbus: *der Vertreter der stoischen Schule in Ciceros Dialog* • **aetātem dēgere**: ein Leben führen • **vidēlicet** *(Adv.)*: offenbar, natürlich • **affluēns**, ntis: reich, reichlich • **occupātiō**: Beschäftigung, Tätigkeit • **implicāre**: verwickeln, fesseln • moliri *15 **(36) rīte** *(Adv.)*: mit Recht • **vestrum**: *der Stoiker wird angesprochen* • **labōriōsus**: mit Arbeit geplagt • mundus *1 • **pūnctum temporis**: Augenblick • **axis**, is *m.*: Achse, Pol • **admīrābilis**: wunderbar, erstaunlich • celeritas *16 **(40) gubernāre**: steuern, leiten • **astrum**: Gestirn • **mūtātiō temporum**: Wechsel der Jahreszeiten • **vicissitūdō**: Wechsel, Wandel • **contemplārī**: beobachten • **nē!** *(griech.)*: ja wirklich • **operōsus**: mühevoll • **sēcūritās**: Sorglosigkeit, Ruhe • **vacātiō**: Freisein

5 Welt- und Gottesbild der Stoa
(De natura deorum 2,57-61)

Die Gegenposition, von der der Epikureer in Text 4 seine Lehrmeinung abgehoben hat, ist die Weltanschauung der STOA. In ihr ist die ursprüngliche Einheit von Naturphilosophie und Religion noch nicht aufgelöst. Wieviel Gewicht Cicero diesen Vorstellungen selbst beimißt, geht schon daraus hervor, daß er dem Vortrag des Stoikers Balbus das ganze zweite Buch seiner Religionsschrift einräumt. Wir bringen daraus nur einen zentralen Gedankengang.

ZENO igitur naturam ita definit, ut eam dicat ignem esse artificiosum ad gignendum progredientem via.

Censet enim artis maxume proprium esse creare et gignere, quodque in operibus nostrarum artium manus efficiat, id multo artificiosius naturam efficere, id est, ut dixi, ignem artificiosum magistrum artium reliquarum. Atque hac quidem ratione omnis natura artificiosa est, quod habet quasi viam quandam et sectam, quam sequatur. Ipsius vero mundi, qui omnia complexu suo coercet et continet, natura non artificiosa solum, sed plane artifex ab eodem ZENONE dicitur, consultrix et provida utilitatum opportunitatumque omnium.

Atque ut ceterae naturae suis seminibus quaeque gignuntur, augescunt, continentur, sic natura mundi omnes motus habet voluntarios conatusque et appetitiones, quas ὁρμάς Graeci vocant, et iis consentaneas actiones sic adhibet ut nosmet ipsi, qui animis movemur et sensibus. Talis igitur mens mundi cum sit ob eamque causam vel prudentia vel providentia appellari recte possit – Graece enim πρόνοια dicitur –, haec potissimum providet et in iis maxime est occupata: primum ut mundus quam aptissimus sit ad permanendum, deinde ut nulla re egeat, maxume autem ut in eo pulchritudo sit atque omnis ornatus.

Text 5

definire *35 • **artificiōsus:** künstlerisch • gignere *10 • **viā** *(Adv.)*: methodisch, planmäßig **(3) creāre:** schaffen • magister *64 • **secta:** Pfad, Richtung, Schule • mundus *1 • **complexū coercēre:** mit den Armen umschließen **(9) artifex,** icis *m./f.*: Künstler, Künstlerin • **cōnsultrīx,** īcis: Fürsorgerin, Beraterin • **prōvidus:** vorausschauend, vorsorgend • utilitas *65 • **opportūnitās:** günstigeGelegenheit, Vorteil • **nātūrae** *pl.*: Wesen • **sēmen,** inis *n.*: Same, Anlage • **augēscere:** wachsen • **continēre** *(hier)*: aufrechterhalten, bewahren • **voluntārius:** aus eigenem Antrieb handelnd • **cōnātūs et appetītiōnēs:** Bestrebungen und Triebe, *Wiedergabe von griech.* ὁρμαί *('hormai'* – vgl. *'Hormone')* • **cōnsentāneus:** übereinstimmend • nosmet *67 **(14) Sb Talis igitur ...:** cum igitur tālis sit mēns mundī et ob eam causam ... • **prōvidentia:** Vorsehung, *griech.* πρόνοια ('prónoia' = *wörtl.* 'Vorbedacht') • **permanēre:** bleiben, Bestand haben • **pulchritūdō:** Schönheit • **ōrnātus,** ūs: Schmuck, Ausstattung

Dictum est de universo mundo, dictum etiam est de sideribus, ut iam propemodum appareat multitudo nec cessantium deorum nec ea, quae agant, molientium cum labore operoso ac molesto. Non enim venis et nervis et ossibus continentur nec his escis aut potionibus vescuntur, ut aut nimis acres aut nimis concretos umores colligant, nec iis corporibus sunt, ut casus aut ictus extimescant aut morbos metuant ex defetigatione membrorum, quae verens EPICURUS monogrammos deos et nihil agentes commentus est. Illi autem pulcherruma forma praediti purissimaque in regione caeli collocati ita feruntur moderanturque cursus, ut ad omnia conservanda et tuenda consensisse videantur.

Multae autem aliae naturae deorum ex magnis beneficiis eorum non sine causa et a Graeciae sapientissimis et a maioribus nostris constitutae nominataeque sunt. Quicquid enim magnam utilitatem generi adferret humano, id non sine divina bonitate erga homines fieri arbitrabantur.

Itaque tum illud, quod erat a deo natum, nomine ipsius dei nuncupabant, ut cum fruges Cererem appellamus, vinum autem Liberum – ex quo illud Terenti „sine Cerere et Libero friget Venus" –, tum autem res ipsa, in qua vis inest maior aliqua, sic appellatur, ut ea ipsa vis nominetur deus, ut Fides, ut Mens, quas in Capitolio dedicatas videmus proxime a M. Aemilio Scauro, ante autem ab A. Atilio Calatino erat Fides consecrata.

---

mundus *1; sidus *2 **(21) propemodum** *(Adv.)*: beinahe, fast • **cessāre**: untätig sein, ruhen • moliri *15 • **molestus**: lästig, beschwerlich • **operōsus**: mühevoll • **vēna**: Ader • **nervus**: Sehne, Muskel • **os**, ossis *n.*: Knochen • **ēsca**: Speise • **potiō**: Trank • **vescī** *(+ Abl.)*: sich nähren von • **concrētus**: dicht, dick • **ūmor**: Feuchtigkeit, Körpersaft **(25) ictus**, ūs: Hieb, Stoß • **extimēscere**: fürchten • **dēfetīgātiō**: Ermüdung, Überanstrengung • membrum *7 • **monogrammus**: nur aus Umrissen bestehend, schattenhaft • **comminīscī**, or, mentus sum: ausdenken, daherphantasieren • **praeditus**: ausgestattet, begabt • **ferrī**: sich bewegen • **moderārī**: lenken • **cōnsentīre**: übereinstimmen

bonitās: Güte • **ergā** *(Prp.)*: gegen

(34) tum ... tum ...: bald ... bald ... • **nūncupāre**: benennen • frux *9 • **Cerēs**, eris: *die Göttin des Ackerbaus, der griechischen Demeter entsprechend* • **Liber**, erī: *italischer Fruchtbarkeitsgott, später mit Bacchus identifiziert* • **Terentius**: *bedeutender römischer Komödiendichter (ca. 190–159), das Zitat stammt aus seinem 'Eunuchus'.* • **frīgēre**: frieren, frösteln • **Capitōlium**: *Hügel in Rom, auf dem der Tempel des Iuppiter Optimus Maximus stand* • **dēdicāre**: weihen *(als Statuen)* • **M. Aemilius Scaurus**: *ein erfolgreicher römischer Redner und Politiker (ca. 169–89)* • **A. Atīlius Cālātīnus**: *ein berühmter Politiker aus der Mitte des 3. vorchristlichen Jahrhunderts* • **cōnsecrāre**: weihen

II. Erkenntnistheorie

Der Begriff Erkenntnistheorie ist zwar erst neueren Datums (19. Jahrhundert), er umschließt aber mehr oder weniger all das, worum es auch in der Antike – spätestens seit Parmenides – schon gegangen war, nämlich Wesen, Umfang, Grenzen und Bedingungen wahrer Erkenntnis zu erfassen.

Nun setzt der europäisch-neuzeitliche Begriff des Erkennens ein Subjekt voraus, das sich nicht nur seiner selbst, sondern auch eines Objekts außerhalb seiner eigenen Grenzen bewußt wird und sich mit diesem im Akt des Erkennens gleichzusetzen sucht: *‚Veritas est adaequatio intellectus et rei'* lautet die Formel des Thomas von Aquin für diesen Prozeß. Die Antike ist bei der Untersuchung dieser *adaequatio* weniger am Erkenntnissubjekt (dessen sich dann die Erkenntniskritik der Neuzeit vorzugsweise angenommen hat) als an der Objektseite interessiert: Wie sind die Dinge beschaffen, die wir wahrnehmen oder denken? Wie können wir zu gesichertem, wahrem Wissen über sie gelangen?

Es war Aristoteles, der in seinem ‚Organon' die Gesetze zu entwickeln versuchte, denen das Denken sich zu unterwerfen hat, um zu richtigen („wahren") Ergebnissen zu kommen. So läßt sich seine neue Disziplin, die Logik, kurz als die Methode, richtig zu denken, beschreiben. (Sokrates' Bestehen auf klaren Begriffen hatte hier schon vorgearbeitet.) Eine saubere Definition ordnet einen Gegenstand durch einen Überbegriff in eine Klasse (Begriffshierarchie) ein und unterscheidet ihn zudem in seinen spezifischen Merkmalen von den anderen Angehörigen dieser Klasse. Aus Verknüpfungen von Begriffen entstehen Urteile, wird aus diesen ein neues Urteil abgeleitet, spricht man von Schluß(folgerung), dessen Methodik ebenfalls von Aristoteles begründet wurde.

Stoiker wie Epikureer haben diese Logik in ihr philosophisches System übernommen, ja sie gliedern die Philosophie fortan in die drei Hauptbereiche: Logik, Physik (Metaphysik) und Ethik. Da beide den Schwerpunkt aber auf die Ethik legen, deren Grundlagen die Metaphysik als *prima philosophia* schafft, kommt für sie der Logik, zu der neben der Erkenntnistheorie im übrigen auch Dialektik, Etymologie und Rhetorik gerechnet werden, nur die Rolle einer Hilfswissenschaft zu. Zur Logik in diesem engeren Sinn bieten wir in dieser Ausgabe keine Texte, sondern konzentrieren uns auf das Gebiet und den Teilbegriff Erkenntnistheorie.

Text 6

involūtus: in Dunkel gehüllt • **āvocāre**: wegrufen • cognitio *28 **(7) perscrībere**: sorgfältig aufzeichnen • copiosus *47 • **affirmāre**: behaupten • **refellere**: widerlegen **(11) Apollō**: *Sokrates' Schüler Chairephon hatte das Delphische Orakel befragt, ob jemand weiser sei als Sokrates, und diese Antwort erhalten.* • **permanēre**: bleiben, beharren • **cohortārī**: ermuntern, begeistern

(17) multiplex, icis: vielseitig • **cōnsentiēns**, ntis: übereinstimmend, einheitlich • **fōrma** *(hier)*: System, Lehre • **vocābulum**: Bezeichnung • congruere *45 **(20) Sb**: Nam cum … (1) Speusippum … (2) duōs autem *(ferner)* …, quī erant *(Subjektsatz)* …, Peripatētici dictī sunt (1. HS) • **hērēs**, dis: Erbe • **doctrīna**: Lehre • **inambulāre**: auf und ab gehen *(griech. 'peripatein', davon der Schulname)* **(27) utrīque**: *die Akademiker und die Peripatetiker* • **ūbertās**: Fruchtbarkeit, fruchtbarer Einfluß • **disciplīnae fōrmula**: Lehrsystem • **compōnere**: ausbilden • refertus *17 • **dubitātiō**: Zweifel • **affirmātiō**: Behauptung **(31)** minime *75 • **ars** *(hier)*: Wissenschaft • **rērum ōrdō**: systematischer Aufbau • discriptio *40

Die Begrenztheit des menschlichen Erkennens 6

(Academica posteriora 1,15-17 · 19 · 30-32)

In der Frage nach den Bedingungen und Möglichkeiten philosophischer Erkenntnis folgt Cicero Lehren der Akademie. In der zweiten Fassung seiner gleichnamigen Schrift – erhalten ist uns nur der Anfang des ersten der vier Bücher – diskutieren Cicero und der hochgebildete Varro, der sich politisch nach Caesars Sieg in einer ähnlichen Lage befindet wie er (vgl. Text 1). Varro vertritt die Standpunkte der neuesten Richtung in der Akademie, wie sie Antiochus von Askalon vorgegeben hat, während Cicero selbst erneut dem dadurch überholten älteren Skeptizismus das Wort redet. Mit Varro wenden wir uns zunächst Sokrates zu, ist er doch – jedenfalls wie wir ihn durch Platon kennen – im Bereich der Begriffsbildung der erste wirkliche Erkenntnistheoretiker.

Socrates mihi videtur – id quod constat inter omnes – primus a rebus occultis et ab ipsa natura involutis, in quibus omnes ante eum philosophi occupati fuerunt, avocavisse philosophiam et ad vitam communem adduxisse, ut de virtutibus et vitiis omninoque de bonis rebus et malis quaereret, caelestia autem vel procul esse a nostra cognitione censeret vel, si maxime cognita essent, nihil tamen ad bene vivendum.

Hic in omnibus fere sermonibus (qui ab iis, qui illum audierunt, perscripti varie et copiose sunt) ita disputat, ut nihil affirmet ipse, refellat alios, nihil se scire dicat nisi id ipsum – eoque praestare ceteris, quod illi, quae nesciant, scire se putent, ipse se nihil scire id unum sciat ob eamque rem se arbitrari ab Apolline omnium sapientissimum esse dictum, quod haec esset una omnis sapientia: non arbitrari sese scire, quod nesciat.

Quae cum diceret constanter et in ea sententia permaneret, omnis eius oratio tum in virtute laudanda et in hominibus ad virtutis studium cohortandis consumebatur, ut e Socraticorum libris maximeque Platonis intellegi potest.

Platonis autem auctoritate, qui varius et multiplex et copiosus fuit, una et consentiens duobus vocabulis philosophiae forma instituta est, Academicorum et Peripateticorum, qui rebus congruentes nominibus differebant. Nam cum Speusippum, sororis filium, Plato philosophiae quasi heredem reliquisset, duos autem praestantissimos studio atque doctrina, Xenocratem Calchedonium et Aristotelem Stagiritem, qui erant cum Aristotele, Peripatetici dicti sunt, quia disputabant inambulantes in Lyceo, illi autem, qui Platonis instituto in Academia, quod est alterum gymnasium, coetus erant et sermones habere soliti, e loci vocabulo nomen habuerunt.

Sed utrique Platonis ubertate completi certam quandam disciplinae formulam composuerunt et eam quidem plenam ac refertam, illam autem Socraticam dubitationem de omnibus rebus et nulla affirmatione adhibita consuetudinem disserendi reliquerunt. Ita facta est – quod minime Socrates probabat – ars quaedam philosophiae et rerum ordo et discriptio disciplinae. […] →

Fuit ergo iam accepta a Platone philosophandi ratio triplex: una de vita et moribus, altera de natura et rebus occultis, tertia de disserendo et quid verum et quid falsum, quid rectum in oratione pravumve, quid consentiens, quid repugnans iudicando. [...]

Tertia deinde philosophiae pars, quae erat in ratione et in disserendo, sic tractabatur ab utrisque: Quamquam oriretur a sensibus, tamen non esse iudicium veritatis in sensibus; mentem volebant rerum esse iudicem, solam censebant idoneam, cui crederetur, quia sola cerneret id, quod semper esset simplex et uniusmodi et tale, quale esset (hanc illi ideam appellabant, iam a Platone ita nominatam, nos recte speciem possumus dicere).

Sensus autem omnes hebetes et tardos esse arbitrabantur nec percipere ullo modo res eas, quae subiectae sensibus viderentur, quod essent aut ita parvae, ut sub sensum cadere non possent, aut ita mobiles et concitatae, ut nihil umquam unum esset et constans, ne idem quidem, quia continenter laberentur et fluerent omnia. Itaque hanc omnem partem rerum opinabilem appellabant.

Scientiam autem nusquam esse censebant nisi in animi notionibus atque rationibus, qua de causa definitiones rerum probabant et has ad omnia, de quibus disceptabatur, adhibebant. Verborum etiam explicatio probabatur, id est, qua de causa quaeque essent ita nominata, quam ἐτυμολογίαν appellabant.

Post argumentis quibusdam et quasi rerum nŏtis ducibus utebantur ad probandum et ad concludendum id, quod explanari volebant; in qua tradebatur omnis dialecticae disciplina, id est orationis ratione conclusae. Huic quasi ex altera parte oratoria vis dicendi adhibebatur, explicatrix orationis perpetuae ad persuadendum accomodatae.

---

philosophārī: philosophieren • **ratiō triplex**: die Einteilung *der Philosophie* in drei Teilbereiche *(diese Gliederung begegnet allerdings noch nicht bei Platon, sondern erst bei den Stoikern und Epikureern)* • **prāvus**: verkehrt **(35/36) cōnsentiēns**, ntis: übereinstimmend, stimmig ↔ **repūgnāns** (*46) **(41)** simplex *20 • **hanc** *greift* id, quod ... esset ... *wieder auf* • **idea**: Urbild, Idee • **hebes**, etis: stumpf, schwach • **tardus**: langsam, schwerfällig • percipere *31 **(45) mōbilis**: beweglich, flüchtig • **concitātus**: rasch, flink • continens *51 • **lābī**, or, lāpsus sum: entgleiten, entwischen • **opinābilis**: auf Vorstellung beruhend, eingebildet • nusquam *76; notio *29 • **ratiō** *(hier)*: Vernunftsurteil **(50) dēfīnītiō**: Begriffsbestimmung • **disceptāre**: erörtern • **explicātiō**: Erklärung • ἐτυμολογία ('etymologia') *hier*: Erklären der Begriffe/Bezeichnungen nach ihrer Entstehung • **argūmentum**: Beweis • **nota**: Merkmal, Kennzeichen **(55)** concludere *36 • **explānāre**: erklären • **dialectica**: Dialektik • **ōrātiō ratiōne conclūsa**: folgerichtiges Sprechen, Kunst der diskursiven Rede • **ōrātōrius**: rednerisch, rhetorisch • **explicātrīx**, īcis: Erklärerin • **accommodātus ad**: angepaßt an ..., abgestellt auf ..., sich ... widmend

Die Problematik der Sinneswahrnehmung 7

(Lucullus 19-22 · 79-82 · 91-92 · 106-107)

Auch Ciceros ältere erhaltene Schrift zur Erkenntnistheorie geht zunächst von den Ansichten des Antiochus von Askalon aus (vgl. die Einleitung zu Text 6) – hier vertreten durch Lucullus, den reichen Optimaten –, der die Skepsis zugunsten einer eklektischen Systematik aufgegeben hat; in seiner Entgegnung übernimmt Cicero selbst die Rolle des akademischen Skeptikers:

(LUCULLUS:) Ordiamur igitur a sensibus. Quorum ita clara iudicia et certa sunt, ut, si optio naturae nostrae detur et ab ea deus aliquis requirat, contentane sit suis integris incorruptisque sensibus an postulet melius aliquid, non videam, quid quaerat amplius. Neque vero hoc loco exspectandum est, dum de remo inflexo aut de collo columbae respondeam. Non enim is sum, qui, quidquid videtur, tale dicam esse, quale videatur. EPICURUS viderit et alia multa.

Meo autem iudicio ita est maxima in sensibus veritas, si et sani sunt et valentes et omnia removentur, quae obstant et impediunt. Itaque et lumen mutari saepe volumus et situs earum rerum, quas intuemur, et intervalla aut contrahimus aut diducimus multaque facimus usque eo, dum adspectus ipse fidem faciat sui iudicii. Quod idem fit in vocibus, in odore, in sapore, ut nemo sit nostrum, qui in sensibus sui cuiusque generis iudicium requirat acrius.

Adhibita vero exercitatione et arte, ut oculi pictura teneantur et aures cantibus, quis est, quin cernat, quanta vis sit in sensibus? Quam multa vident pictores in umbris et in eminentia, quae nos non videamus? Quam multa, quae nos fugiunt in cantu, exaudiunt in eo genere exercitati, qui primo inflatu tibicinis Antiopam esse aiunt aut Andromacham, cum id nos ne suspicemur quidem. Nihil necesse est de gustatu et odoratu loqui, in quibus intellegentia, etsi vitiosa, est quadam tamen. Quid de tactu et eo quidem, quem philosophi interiorem vocant aut doloris aut voluptatis? In quo CYRENAICI solo putant veri esse iudicium, quia sentiatur.

Text 7

ordiri *14 • **optiō:** freie Wahl • contentus *52 • **incorruptus:** unversehrt, unverfälscht **(5) rēmus īnflexus:** das gebrochene Ruder *(das R. erscheint abgeknickt, wenn ein Teil ins Wasser hineinreicht)* • **collum columbae:** Hals einer Taube *(dessen Farben je nach Beleuchtung und Blickwinkel changiert)* • **ita ... sī:** nur insofern, wenn • **valēns,** ntis: wohlauf, funktionstüchtig **(9) obstāre:** im Wege stehen • **situs,** ūs: Lage • intueri *30 • **intervallum:** Abstand • **dīdūcere:** auseinanderziehen, vergrößern • **odor:** Geruch • **sapor:** Geschmack **(15) pictūra/pictor:** Gemälde/Maler • **cantus,** ūs: Gesang • quin *71 • **ēminentia:** Erhöhung, Lichtpartie • **exaudīre:** deutlich hören • **īnflātus,** ūs: (Blasen), Ton • **tībīcen,** inis *m.*: Flötenspieler • **Antiopa, Andromacha:** *römische Tragödien von Pacuvius (Euripides-Übersetzung) und Ennius* **(20) gūstātus,** ūs: Geschmackssinn • **odōrātus,** ūs: Geruchssinn • intellegentia *27 • **etsī** *(Konjunktion)*: wenn auch, obwohl • **vitiōsus:** fehlerhaft • **tāctus,** ūs: Tastsinn • **et eō** *sc.* sensū

Potestne igitur quisquam dicere inter eum, qui doleat, et inter eum, qui in voluptate sit, nihil interesse? aut ita qui sentiat, non apertissime insaniat?

Atqui qualia sunt haec, quae sensibus percipi dicimus, talia sequuntur ea, quae non sensibus ipsis percipi dicuntur, sed quodam modo sensibus, ut haec: Illud est album, hoc dulce, canorum illud, hoc bene olens, hoc asperum. Animo iam haec tenemus comprehensa, non sensibus. Ille deinceps equus est, ille canis.

Cetera series deinde sequitur maiora nectens, ut haec, quae quasi expletam rerum comprehensionem amplectantur: Si homo est, animal est mortale, rationis particeps. Quo e genere nobis notitiae rerum imprimuntur, sine quibus nec intellegi quidquam nec quaeri nec disputari potest.

Quodsi essent falsae notitiae (ἐννοίας enim notitias appellare tu videbare), si igitur essent hae falsae aut eiusmodi visis impressae, qualia visa a falsis discerni non possent: quo tandem his modo uteremur? Quo modo autem, quid cuique rei consentaneum esset, quid repugnaret, videremus? Memoriae quidem certe, quae non modo philosophiam, sed omnis vitae usum omnesque artes una maxime continet, nihil omnino loci relinquitur. Quae potest enim esse memoria falsorum? Aut quid quisquam meminit, quod non animo comprehendit et tenet?

Ars vero quae potest esse, nisi quae non ex una aut duabus, sed ex multis animi perceptionibus constat? Quas si subtraxeris, qui distingues artificem ab inscio? Non enim fortuito hunc artificem discemus esse, illum negabimus, sed cum alterum percepta et comprehensa tenere videmus, alterum non item. Cumque artium aliud eiusmodi genus sit, ut tantummodo animo rem cernat, aliud, ut moliatur aliquid et faciat: quomodo aut geometres cernere ea potest, quae aut nulla sunt aut internosci a falsis non possunt, aut is, qui fidibus utitur, explere numeros et conficere versus? Quod idem in similibus quoque artibus continget, quarum

---

(25) īnsānīre: verrückt sein percipere *31 • **quōdam modō** *(Adv.)*: gewissermaßen **(29) albus:** weiß • **canōrus:** wohlklingend, melodisch • **olēre:** riechen • deinceps *72 • **canis,** is: Hund • **seriēs,** iēī *f.*: Abfolge • **nectere:** verknüpfen • **explētus:** ganz • **comprehēnsiō:** Wahrnehmung, Verständnis • **amplectī:** erfassen • **particeps,** cipis: teilhaftig, Anteil habend • **nōtitia:** Begriff, Vorstellung, *für griech.* ἔννοια ('énnoia'), *vgl. Z. 36* **(34) imprimere,** ō, pressī, pressum: einprägen • quodsi *70 • **cōnsentāneus:** übereinstimmend • repugnare *46 **(45) perceptiō:** Erfassen, Erkenntnis • **subtrahere:** entziehen, unterdrücken • **quī:** wie • distinguere *34 • **artifex,** icis *m.*: Künstler, Meister • **īnscius:** unwissend; Laie, Stümper • **fortuītō** *(Adv.)*: zufällig, aufs Geratewohl • percipere *31; moliri *15 **(50) geōmetrēs,** ae *m.*: Landmesser, Mathematiker • **internōscere:** unterscheiden • **fidēs,** ium *f. pl.*: Saiteninstrument, Lyrabegleitung • **explēre:** erfüllen • **numerus** *(hier)*: Takt, Rhythmus • **(artem) tractāre:** ausüben • percipere *31

omne opus est in faciendo atque agendo. Quid enim est, quod arte effici possit, nisi is, qui artem tractabit, multa perceperit?

(Cicero:) Quid ergo est, quod percipi possit, si ne sensus quidem vera nuntiant? Quos tu, Luculle, communi loco defendis. Quod ne id facere posses, idcirco heri non necessario loco contra sensus tam multa dixeram. Tu autem te negas infracto remo neque columbae collo commoveri. Primum cur? nam et in remo sentio non esse id, quod videatur, et in columba plures videri colores nec esse plus uno. Deinde nihilne praeterea diximus? Manent illa omnia, iacet ista causa; veraces suos esse sensus dicit. Igitur semper auctorem habes eum, qui amgno suo periculo causam agat. Eo enim rem demittit Epicurus: si unus sensus semel in vita mentitus sit, nulli umquam esse credendum. Hoc est verum esse: confidere suis testibus et importune insistere. Itaque Timagoras Epicureus negat sibi umquam, cum oculum torsisset, duas ex lucerna flammulas esse visas; opinionis enim esse mendacium, non oculorum. Quasi quaeratur, quid sit, non quid videatur.

Sed hic quidem maiorum similis. Tu vero, qui visa sensibus alia vera dicas esse, alia falsa, qui ea distinguis? Desine, quaeso communibus locis; domi nobis ista nascuntur. „Si", inquit, „quis deus te interroget, sanis modo et integris sensibus num amplius quid desideres, quid respondeas?" Utinam quidem roget! Audiret, quam nobiscum male egerit. Ut enim vera videamus, quam longe videbimus? Ego Catuli Cumanum ex hoc loco cerno: regionem video Pompeiani, ipsum Pompeianum non cerno, neque quidquam interiectum est, quod obstet; sed intendi longius acies non potest. O praeclarum prospectum! Puteolos videmus; at familiarem nostrum Avianum fortasse in porticu Neptuni ambulantem non videmus.

→

(56) commūnis locus: rhetorischer Topos • **idcircō** *(Adv.)*: deshalb • **herī:** kürzlich *(in einer früheren Schrift)* • **īnfrāctus rēmus** (das gebrochene Ruder) *und* **columbae collum** (der – changierende – Hals der Taube): *vgl. Zeile 5* **(60) color:** Farbe • **illa:** das = „meine Argumente" • **iacet ista causa:** „um deine Sache steht es schlecht" • **vērāx,** ācis: wahrhaftig • **dīcit** *sc.* Epicūrus • **dēmittere:** herablassen, „herunterschrauben" • **semel** *(Adv.)*: einmal • mentiri *44 **(65) importūnus:** hartnäkkig • **īnsistere:** auf etwas bestehen • **Tīmāgorās:** *ein sonst unbekannter Epikureer* • **torquēre:** verdrehen • **lucerna:** Lampe • **flammula:** Flämmchen • **mendācium:** Lüge, Täuschung **(70) quaesō:** bitte • **utinam:** o wenn doch! • **Catulī Cūmānum:** das Landgut des Catulus *(eines der Teilnehmer an diesem Gespräch)* bei Cumae **(75) Pompēiānum:** Landgut bei Pompei • **interiectus:** dazwischen liegend • **aciēs,** iēī *f.*: Sehschärfe • **prōspectus,** ūs: Aussicht • **Puteolī:** *Küstenstadt zwischen Cumae und Neapel* • **Aviānus:** *ein nicht identifizierbarer Freund* • **porticus,** ūs *f.*: Säulenhalle • **ambulāre:** auf und ab gehen •

At ille nescio qui, qui in scholis nominari solet, mille et octoginta stadia quod abesset, videbat. Quaedam volucres longius. Responderem igitur audacter isti vestro deo me plane his oculis non esse contentum. Dicet me acrius videre quam ullos pisces fortasse, qui neque videntur a nobis et nunc quidem sub oculis sunt neque ipsi nos suspicere possunt. Ergo ut illis aqua, sic nobis aër crassus offunditur. At amplius non desideramus. Quid? talpam num desiderare lumen putas? Neque tam quereretur cum deo, quod parum longe, quam quod falsum videret.

Videsne navem illam? stare nobis videtur; at iis, qui in nave sunt, moveri haec villa. Quaere rationem, cur ita videatur; quam ut maxime inveneris – quod haud scio an non possis –, non tu verum testem habere, sed eum non sine causa falsum testimonium dicere ostenderis.

Quid ego de nave? Vidi enim a te remum contemni. Maiora fortasse quaeris. Quid potest esse sole maius? quem mathematici amplius duodeviginti partibus confirmant maiorem esse quam terram. Quantulus nobis videtur! Mihi quidem quasi pedalis. Epicurus autem posse putat etiam minorem esse eum, quam videatur, sed non multo; ne maiorem quidem multo putat esse; vel tantum esse, quantus videatur, ut oculi aut nihil mentiantur aut non multum – mentiantur tamen: ubi igitur illud est „semel"? Sed ab hoc credulo, qui numquam sensus mentiri putat, discedamus, qui ne nunc quidem, cum ille sol, qui tanta incitatione fertur, ut, celeritas eius quanta sit, ne cogitari quidem possit, tamen nobis stare videatur.

Sed abeo a sensibus. Quid est, quod ratione percipi possit? Dialecticam inventam esse dicitis veri et falsi quasi disceptatricem et iudicem. Cuius veri et falsi? et in qua re? In geometriane, quid sit verum vel falsum, dialecticus iudicavit, an in litteris aut in musicis? At ea non novit. In philosophia igitur? Sol quantus sit, quid ad illum? quod sit summum bonum, quid habet, ut queat iudicare?

Quid igitur iudicabit? quae coniunctio, quae diiunctio vera sit, quid ambigue dictum sit, quid sequatur quamque rem, quid repugnet? Si haec et horum similia iudicat, de se ipsa iudicat. Plus autem pollicebatur. Nam haec quidem iudicare ad ceteras res, quae sunt in philosophia multae atque magnae, non est satis.

---

schola: Vorlesung • **stadium:** *griechisches Längenmaß, ca. 190 m* **(80) volucris,** is *f.*: Vogel • contentus *52 • **piscis,** is: Fisch • **nōbīs āër crassus offunditur:** dichte Luft umgibt uns **(85) talpa:** Maulwurf • **haud sciō an nōn:** schwerlich **(90) testimōnium:** Zeugnis, Aussage • **rēmus:** Ruder • **mathemāticus:** Mathematiker • **quantulus:** wie klein, wie gering • **pedālis:** einen Fuß breit **(96) ut** (oculī ...): gesetzt daß • **semel** *(Adv.)*: einmal • **crēdulus:** leichtgläubig, arglos • **incitātiō:** Schwung • celeritas *16

dialectica: Dialektik, Kunst des Diskurses • **disceptātrīx,** īcis *f.*: Schiedsrichterin • **geōmetria:** Geometrie, Mathematik **(104) dialecticus:** Dialektiker • **quīre,** queō: können • coniunctio *61 ↔ dīiunctiō

Sed quoniam tantum in ea arte ponitis, videte, ne contra vos tota nata sit. Quae primo progressu festive tradit elementa loquendi et ambiguorum intellegentiam concludendique rationem, tum, paucis additis, venit ad soritas, lubricum sane et periculosum locum. [...]

Unde memoria, si nihil percipimus (sic enim quaerebas), quod meminisse visa nisi comprehensa non possumus? Quid? Polyaenus, qui magnus mathematicus fuisse dicitur, is posteaquam EPICURO assentiens totam geometriam falsam esse credidit, num illa etiam, quae sciebat, oblitus est? Atqui falsum quod est, id percipi non potest, ut vobismet ipsis placet. Si igitur memoria perceptarum comprehensarumque rerum est, omnia, quae quisque meminit, habet ea comprehensa atque percepta. Falsi autem comprehendi nihil potest: et omnia meminit SIRON EPICURI dogmata: vera igitur illa sunt nunc omnia. Hoc per me licet. Sed tibi aut concedendum est ita esse, quod minime vis, aut memoriam mihi remittas oportet et facile esse et locum, etiamsi comprehensio perceptioque nulla sit.

Quid fiet artibus? Quibus? Iisne, quae ipsae fatentur coniectura se plus uti quam scientia, an iis, quae tantum id, quod videtur, sequuntur nec habent istam artem vestram, qua vera et falsa diiudicent?

• **ambiguus:** zweideutig, doppelsinnig **(114) prōgressus,** ūs: Vorrücken, Anfang • **fēstīvus:** heiter, hübsch • **elementum:** Anfangsgründe, Grundlagen • **ambiguōrum intellegentia:** Einsicht in undeutliche Urteile • concludere *36 • **sōrītēs,** ae *m.*: Kettenschluß • **lūbricus:** schlüpfrig, bedenklich • **perīculōsus:** gefährlich **(119) assentīrī:** zustimmen, sich anschließen • vobismet *67 **(124) dogma,** atis *n.*: Lehrsatz • minime *75 • **remittere** + *Dat.*: jem. zuliebe verzichten, aufgeben • etiamsi *69 • **coniectūra:** Vermutung • **dīiūdicāre:** unterscheiden

III. Anthropologie

Die Wesensbestimmung des Menschen stand und steht im Mittelpunkt aller Bemühungen der Philosophie. Sie steht in engem Bezug zu der jeweiligen Auffassung vom Wesens- und Sinngehalt der Welt, auf die Stellung des Menschen im Ganzen des Seins beziehen sich alle metaphysischen Vorstellungen und Gedanken.

Der Begriff für die Lehre vom Menschen, Anthropologie, geht zwar auf Aristoteles zurück, ist aber erst seit Ende des 16. Jahrhunderts gebräuchlich, und zwar für die naturwissenschaftliche Disziplin, die unter morphologischen, physiologischen und genetischen Gesichtspunkten die Gattung Mensch mit Tiergattungen vergleicht. Die speziell philosophische Anthropologie gar ist erst eine Disziplin des 20. Jahrhunderts. Auf den Ergebnissen vor allem der Biologie aufbauend, sucht sie das spezifisch Menschliche besonders aus dem problematischen Verhältnis zu entwickeln, das das Geistwesen Mensch zu seiner Körperlichkeit, seinen Trieben, seinem Bewußtsein, seinen sprachlichen und kulturschaffenden Fähigkeiten, seiner Mitwelt und Umwelt zeigt.

Angelegt ist die Mehrzahl dieser Fragestellungen schon in der Antike. Der *homo sapiens* wird als Zwischenwesen zwischen Tier und Gott verstanden: Primär ist es die Vernunft, die Anteil am göttlichen Logos hat, was das Menschliche ausmacht, seine geistige Fähigkeit, in Begriffen zu denken, hinter der Sinnenwelt die eigentliche Welt, die der Ideen, zu erkennen, an der er dank des Logos teilhat, sowie seine sittliche Fähigkeit, sich für diese Welt der Ideen und des Ewigen zu entscheiden, sich über seine Sinnlichkeit, seine Triebhaftigkeit, seine Erdgebundenheit hinwegzusetzen.

Dieser Logos ist laut Aristoteles ein Teil der Seele. Die Lehre von der Seele steht infolgedessen im Zentrum der antiken anthropologischen Untersuchungen. Unabhängig davon, ob sie ihr Unsterblichkeit zuspricht oder nicht, sieht die antike Philosophie in der Seele das Prinzip der Lebendigkeit. Am besten läßt sich das mit Aristoteles erklären (seine Vorstellungen klingen in den Texten Ciceros allerdings nur latent an, während die platonischen unmittelbar zum Ausdruck kommen):

Aristoteles stellt der Materie, dem Stoff, die „Form“ als das innere Wesen gegenüber, das in der auf Veränderung angelegten Materie am Wirken *(enérgeia)* ist. Im Bereich des Organischen ist dieses Wirken mit dem Ziel und Zweck verbunden, einen vollkommenen Endzustand zu erreichen. Aristoteles bezeichnet dieses substantielle Lebensprinzip deshalb als Entelechie, d. h. die einem Organismus immanente vollkommene Form, die in der Gestaltung der Materie sich selbst verwirklicht, da sie das Ziel ihrer Entwicklung in sich trägt. Wie die Form der Zweck des Stoffes, so ist die Seele der Zweck *(télos)* des Körpers, seine Entelechie, der Körper also nur Werkstoff bzw. Werkzeug *(órganon)* der Seele. Deren Wirkkräfte lassen sich weiter aufteilen in vegetative, sensitive und affektive Regungen, Willensakte und intellektuelle Potenzen mit einer klaren hierarchischen Stufung zum Geistigen hin und endlich bis hin zum vollkommenen göttlichen Geist.

Text 8

ordiri *14 • **stirps,** is *f.*: Wurzel **(5) vītis,** is *f.*: Weinstock, Rebe, Strauch • **virēre:** grünen • **nūdāre:** entblößen • **vernō tempore** = vere • **tepefacere:** erwärmen • **frondēscere:** ausschlagen, sich belauben • **vigēre:** frisch, stark, voll Leben sein • **sēmen,** inis *n.*: Same, Keim • **inclūdere,** ō, clūsī, clūsum: einschließen • **flōs,** flōris *m.*: Blume, Blüte • frux *9 • **bāca:** Beere **(11)** bestia *8 • **nāre:** schwimmen • **incola,** ae *m.*: Bewohner • **volucer** (cris, cre): beflügelt • **serpere:** kriechen • **gradī:** schreiten, einhergehen • **sōlivagus:** allein umherschweifend • **congregāre:** zu einer

Die Stufenordnung der Natur

8

(Tusculanae disputationes 5, 37–39)

„Die Tugend ist nicht nur das höchste, sondern auch das einzige wirkliche Gut.“ Diesen stoischen Lehrsatz, der sich auch schon bei Platon findet und der die Aufgliederung in jeweils vergleichbare Güter – etwa äußere, körperliche, seelische wie bei den Peripatetikern – untersagt, sucht Cicero, der sich hier den Stoikern anschließt, mit dem diesen eigenen Gedanken einer Stufenordnung der Natur zu beweisen.

Unde igitur ordiri rectius possumus quam a communi parente natura? Quae, quicquid genuit, non modo animal, sed etiam quod ita ortum esset a terra, ut stirpibus suis niteretur, in suo quidque genere perfectum esse voluit.

Itaque et arbores et vites et ea, quae sunt humiliora neque se tollere a terra altius possunt, alia semper virent, alia hieme nudata verno tempore tepefacta frondescunt, neque est ullum, quod non ita vigeat interiore quodam motu et suis in quoque seminibus inclusis, ut aut flores aut fruges fundat aut bacas omniaque in omnibus, quantum in ipsis sit, nulla vi impediente perfecta sint.

Facilius vero etiam in bestiis, quod iis sensus a natura est datus, vis ipsius naturae perspici potest. Namque alias bestias nantes aquarum incolas esse voluit, alias volucres caelo frui libero, serpentes quasdam, quasdam esse gradientes, earum ipsarum partim solivagas, partim congregatas, immanes alias, quasdam autem cicures, non nullas abditas terraque tectas.

Atque earum quaeque suum tenens munus, cum in disparis animantis vitam transire non possit, manet in lege naturae, et ut bestiis aliud alii praecipui a natura datum est, quod suum quaeque retinet nec discedit ab eo, sic homini multo quiddam praestantius; etsi praestantia debent ea dici, quae habent aliquam comparationem, humanus autem animus decerptus ex mente divina cum alio nullo nisi cum ipso deo, si hoc fas est dictu, comparari potest.

Hic igitur si est excultus et si eius acies ita curata est, ut ne caecaretur erroribus, fit perfecta mens, id est absoluta ratio, quod est idem virtus. Et si omne beatum est, cui nihil deest et quod in suo genere expletum atque cumulatum est, idque virtutis est proprium, certe omnes virtutis compotes beati sunt.

Herde vereinigen • **immānis:** ungeheuer (groß), wild **(15) cicur,** is: zahm • **abdere:** verbergen • **dispār,** is: ungleich, verschiedenartig • animans *5 • **praecipuum:** Vorzug • **etsī** *(Konjunktion)*: wenn auch, obwohl **(20) comparātiō:** Vergleich • **dēcerpere,** ō, cerpsī, cerptum: abpflücken, entnehmen • **excolere:** ausbilden, veredeln • **aciēs,** iēī *f. (hier)*: geistige (Seh-)Kraft • **caecāre:** blenden • error *43 • **absolūtus:** vollkommen **(25) explētus atque cumulātus:** (erfüllt und vollständig:) absolut vollendet • **(virtutis) compos,** otis + *Gen.*: im Besitz der v.

9 Das göttliche Wesen des Menschen (De legibus 1, 24–27)

In diesem Abschnitt will Cicero wohl den Menschen als das Wesen erweisen, das, seiner Verwandtschaft mit den Göttern wegen, als einziges dazu befähigt ist, Göttliches zu erkennen. Erneut geht es also um die Sonderstellung des Menschen im Reich der Natur.

Nam cum de natura hominis quaeritur, disputari solet – et nimirum ita est, ut disputatur – perpetuis cursibus conversionibusque caelestibus exstitisse quandam maturitatem serendi generis humani, quod sparsum in terras atque satum divino auctum sit animorum munere, cumque alia, quibus cohaererent homines, e mortali genere sumpserint, quae fragilia essent et caduca, animum esse ingeneratum a deo.

Ex quo vere vel agnatio nobis cum caelestibus vel genus vel stirps appellari potest. Itaque ex tot generibus nullum est animal praeter hominem, quod habeat notitiam aliquam dei, ipsisque in hominibus nulla gens est neque tam mansueta neque tam fera, quae non, etiamsi ignoret, qualem haberi deum deceat, tamen habendum sciat. Ex quo efficitur illud, ut is agnoscat deum, qui, unde ortus sit, quasi recordetur. Iam vero virtus eadem in homine ac deo est neque alio ullo in genere praeterea; est autem virtus nihil aliud nisi perfecta et ad summum perducta natura: est igitur homini cum deo similitudo. Quod cum ita sit, quae tandem esse potest propior certiorve cognatio?

Itaque ad hominum commoditates et usus tantam rerum ubertatem natura largita est, ut ea, quae gignuntur, donata consulto nobis, non fortuito nata videantur, nec solum ea, quae frugibus atque bacis terrae fetu profunduntur, sed etiam pecudes, quas perspicuum sit partim esse ad usum hominum, partim ad fructum, partim ad vescendum procreatas. Artes vero innumerabiles repertae sunt – docente natura, quam imitata ratio res ad vitam necessarias sollerter consecuta est.

Text 9

nīmirum *(Adv.)*: ohne Zweifel • **conversiō**: Umdrehung • **exsistere**: entstehen • **mātūritās**: Reife, richtiger Zeitpunkt • **serere**, ō, sēvī, satum: säen, hervorbringen • **spargere**, ō, sparsī, sparsum: zerstreuen, verbreiten • **augēre** *(hier)*: bereichern **(5) cohaerēre**: zusammenhängen, gehören zu • **mortāle genus**: „Bereich der Materie" • **fragilis**: zerbrechlich • **cadūcus**: hinfällig • **ingenerāre**: einpflanzen, einhauchen • **agnātiō**: Blutsverwandtschaft, Verwandtschaft in direkter Linie • **genus** *sc.* idem • **stirps**, stirpis *f.*: Wurzel, Stamm • **nōtitia**: Kenntnis **(10) mānsuētus**: gezähmt, zivilisiert • **ferus**: wild • etiamsi *69 • **agnōscere**: wahrnehmen, erkennen • **recordārī**: sich erinnern • **perdūcere**: hinführen, entwickeln **(15) similitūdō**: Ähnlichkeit • **cognātiō**: Verwandtschaft
commoditās: Vorteil • **ūbertās**: reiche Fülle, Reichtum • **largīrī**: (reichlich) schenken • gignere *10 • **cōnsultō** *(Adv.)*: mit Bedacht • **fortuītō** *(Adv.)*: zufällig • frux *9 • **bāca**: Beere • **fētus**, ūs: Fruchtbarkeit **(20) profundere**: ausgießen, erzeugen • **pecus**, pecudis *f.*: (Rind-)Vieh • perspicuus *39 • **vescī**: sich nähren • procreare *12; innumerabilis *23 • **sollers**, rtis: geschickt

Ipsum autem hominem eadem natura non solum celeritate mentis ornavit, sed ei et sensus tamquam satellites attribuit ac nuntios et rerum plurimarum obscuras nec satis expressas intellegentias inchoavit, quasi fundamenta quaedam scientiae, figuramque corporis habilem et aptam ingenio humano dedit. Nam cum ceteras animantes abiecisset ad pastum, solum hominem erexit et ad caeli quasi cognationis domiciliique pristini conspectum excitavit, tum speciem ita formavit oris, ut in ea penitus reconditos mores effingeret. Nam et oculi nimis argute, quem ad modum animo affecti simus, loquuntur, et is, qui appellatur vultus, qui nullo in animante esse praeter hominem potest, indicat mores – cuius vim Graeci norunt, nomen omnino non habent.

Omitto opportunitates habilitatesque reliqui corporis, moderationem vocis, orationis vim, quae conciliatrix est humanae maxime societatis. Neque enim omnia sunt huius disputationis ac temporis, et hunc locum satis, ut mihi videtur, in iis libris, quos legistis, expressit Scipio.

Nunc quoniam hominem, quod principium reliquarum rerum esse voluit, ita generavit et ornavit deus, perspicuum fit illud (ne omnia disserantur) ipsam per se naturam longius progredi, quae – etiam nullo docente profecta ab iis, quorum ex prima et inchoata intellegentia genera cognovit – confirmat ipsa per se rationem et perficit.

Wesen und Schicksal der Seele **10**

(Tusculanae disputationes 1, 18–20 · 22–24 · 45–47 · 51–55)

„Den Tod erlebt man nicht." Mit dieser – so von Ludwig Wittgenstein formulierten – Erkenntnis sucht bereits Epikur die Todesfurcht abzuwenden. Da der Tod jedoch als immanenter Widerspruch zum Leben empfunden wird, Leben aber oberhalb der Ebene des Stoffwechsels nicht ohne Seele vorstellbar ist, drängt sich immer wieder die Frage nach Wesen und Schicksal der Seele auf. Cicero greift, um sie zu analysieren, auf verschiedene Autoritäten der Philosophiegeschichte zurück und sucht deren Doktrinen zu einer schlüssigen Argumentation zu verbinden.

---

celeritas *16 **(25) satelles,** itis: Begleiter, Gehilfe • **attribuere:** zuteilen • expressus *33; intellegentia *27; inchoare *13; fundamentum *41; figura *6 • **habilis:** passend, geeignet • animans *5 • **abicere:** zu Boden werfen, erniedrigen • **pāstus,** ūs: Grasen, Weiden • **domicilium:** Wohnsitz, Heimat • **prīstinus:** ehemalig, früher **(30) penitus** *(Adv.)*: im Innern • **reconditus:** versteckt, verborgen • **effingere:** abbilden • **argūtus:** deutlich, lebhaft • **indicāre:** offenbaren • **nōrunt** = nōvērunt **(35) opportūnitās:** Zweckmäßigkeit • **habilitās:** geschickte Anlage • **moderātiō vōcis:** Modulation der Stimme, Artikulation • **conciliātrīx,** īcis *f.*: Vermittlerin, (c. societatis:) Stifterin • disputatio *42; exprimere *33 • **Scīpiō** Āfricānus minor: *der Hauptgesprächsführer in Ciceros Dialog 'De re publica'; die entsprechende Passage ist allerdings nicht erhalten.* • **quod principium ...** ≈ quem principem ... **(40)** generare *11 • **illud:** *weist auf den folgenden A.c.I. hin* • inchoare *13

Quid sit porro ipse animus aut ubi aut unde, magna dissensio est: Aliis cor ipsum animus videtur [...]; EMPEDOCLES animum esse censet cordi suffusum sanguinem; aliis pars quaedam cerebri visa est animi principatum tenere; aliis nec cor ipsum placet nec cerebri quandam partem esse animum, sed alii in corde, alii in cerebro dixerunt animi esse sedem et locum; animum autem alii animam, ut fere nostri – declarat nomen: nam et „agere animam et efflare" dicimus et „animosos" et „bene animatos" et „ex animi sententia"; ipse autem animus ab anima dictus est –; ZENONI STOICO animus ignis videtur. Sed haec quidem, quae dixi (cor, cerebrum, animam, ignem), vulgo, reliqua fere singuli. [...]

PLATO triplicem finxit animum, cuius principatum, id est rationem, in capite sicut in arce posuit, et duas partes parere voluit, iram et cupiditatem, quas locis disclusit: iram in pectore, cupiditatem supter praecordia locavit.

ARISTOTELES longe omnibus – Platonem semper excipio – praestans et ingenio et diligentia, cum quattuor nota illa genera principiorum esset complexus, e quibus omnia orerentur, quintam quandam naturam censet esse, e qua sit mens; cogitare enim et providere et discere et docere et invenire aliquid et tam multa alia meminisse, amare, odisse, cupere, timere, angi, laetari, haec et similia eorum in horum quattuor generum inesse nullo putat; quintum genus adhibet vacans nomine et sic ipsum animum ἐνδελέχειαν appellat novo nomine quasi quandam continuatam motionem et perennem.

Nisi quae me forte fugiunt, haec sunt fere de animo sententiae. DEMOCRITUM enim, magnum illum quidem virum, sed levibus et rotundis corpusculis efficientem animum concursu quodam fortuito, omittamus; nihil est enim apud istos, quod non atomorum turba conficiat. Harum sententiarum quae vera sit, deus aliqui viderit; quae veri simillima, magna quaestio est. [...]

Text 10

porro *73 • **dissēnsiō:** Meinungsverschiedenheit • **suffundī:** durchströmen • **cerebrum:** Gehirn • **prīncipātus,** ūs: Regierung, Herrschaft **(6) nostrī:** unsere Landsleute, wir Römer *(wie der folgende etymologische Hinweis zeigt)* • **animam agere:** in den letzten Zügen liegen • **efflāre:** aushauchen • **animōsus:** mutig • **(bene) animātus:** gesinnt • **ex animī sententiā:** „nach bestem Wissen und Gewissen" **(11) Platō:** *er zieht sogar Parallelen zwischen den Seelenteilen und der Ständeordnung des Staates* • **triplex,** icis: dreifach • **disclūdere,** ō, clūsī, clūsum: voneinander trennen • **subter** *(Präp.)*: unterhalb • **praecordia,** ōrum: Zwerchfell, Brust **(15) Aristotelēs:** *Ciceros Aussagen über A.s Seelenlehre entsprechen hier zwar nicht den erhaltenen Schriften, könnten aber trotzdem authentisch sein.* • **prīncipium:** Urelement • complecti *32 **(20) angī:** sich ängstigen • **vacāre nōmine:** ohne Namen sein • ἐνδελέχεια ('endelécheia') *griech. Wort, das wir nur hier lesen* • **quasi quandam:** „was soviel bedeutet wie" • **continuātus:** ununterbrochen • **mōtiō:** Bewegung • **perennis:** fortwährend, ewig **(25) rotundus:** rund • **corpusculum:** Elementarteilchen • **concursus,** ūs: Zusammenstoß • **fortuītus:** zufällig • **atomus:** Atom • **quaestiō:** Frage

Nam si cor aut sanguis aut cerebrum est animus, certe, quoniam est corpus, interibit cum reliquo corpore; si anima est, fortasse dissipabitur; si ignis, exstinguetur. [...]

His sententiis omnibus nihil post mortem pertinere ad quemquam potest; pariter enim cum vita sensus amittitur; non sentientis autem nihil est, ullam in partem quod intersit. Reliquorum sententiae spem adferunt, si te hoc forte delectat, posse animos, cum e corporibus excesserint, in caelum quasi in domicilium suum pervenire. [...]

Quod tandem spectaculum fore putamus, cum totam terram contueri licebit eiusque cum situm, formam, circumscriptionem, tum et habitabiles regiones et rursum omni cultu propter vim frigoris aut caloris vacantis? Nos enim ne nunc quidem oculis cernimus ea, quae videmus; neque est enim ullus sensus in corpore, sed – ut non physici solum docent, verum etiam medici, qui ista aperta et patefacta viderunt – viae quasi quaedam sunt ad oculos, ad aures, ad nares a sede animi perforatae. Itaque saepe aut cogitatione aut aliqua vi morbi impediti apertis atque integris et oculis et auribus nec videmus nec audimus, ut facile intellegi possit animum et videre et audire, non eas partes, quae quasi fenestrae sint animi, quibus tamen sentire nihil queat mens, nisi id agat et adsit.

Quid, quod eadem mente res dissimillimas comprendimus, ut colorem, saporem, calorem, odorem, sonum? Quae numquam quinque nuntiis animus cognosceret, nisi ad eum omnia referrentur et is omnium iudex solus esset. Atque ea profecto tum multo priora et dilucidiora cernentur, cum, quo natura fert, liber animus pervenerit. Nam nunc quidem, quamquam foramina illa, quae patent ad animum a corpore, callidissimo artificio natura fabricata est, tamen terrenis concretisque corporibus sunt intersaepta quodam modo; cum autem nihil erit praeter animum, nulla res obiecta impediet, quo minus percipiat, quale quidque sit. [...]

Mihi quidem naturam animi intuenti multo difficilior occurrit cogitatio, multo obscurior, qualis animus in corpore sit tamquam alienae domi, quam qualis, cum exierit et in liberum caelum quasi domum suam venerit. Nisi enim (quod numquam vidimus) id, quale sit, intellegere non possumus, certe et deum ipsum et divinum animum corpore liberatum cogitatione complecti possumus. [...] →

(31) dissipāre: zerstreuen, verflüchtigen **(37) domicilium:** Wohnung, Heimat • **spectāculum:** Schauspiel • **contuērī:** betrachten • **circumscriptiō:** Umfang • **habitābilis:** bewohnbar **(40) cultus,** ūs: Bebauung, Besiedlung • **calor:** Hitze • vacare *18 • **physicus:** Naturforscher • **medicus:** Arzt • **patefacere:** offenlegen • **viae perforātae sunt:** Kanäle sind angelegt **(44) nārēs,** ium *f. pl.*: Nase • cogitatio *26 • **fenestra:** Fenster • **quīre,** queō: können • **color:** Farbe **(50) sapor:** Geschmack • **odor:** Geruch • **sonus:** Ton, Geräusch • referre *37 • **dīlūcidus:** hell, klar • **forāmen,** inis *n.*: Öffnung, Loch • **callidus:** raffiniert **(55) fabricārī:** bilden, herstellen • **terrēnus:** irdisch • **concrētus:** verfestigt • **intersaepīre,** iō, psī, ptum: versperren • percipere *31
intueri *30; cogitatio *26; complecti *32

Est illud quidem vel maxumum: animo ipso animum videre, et nimirum hanc habet vim praeceptum Apollinis, quo monet, ut se quisque noscat. Non enim, credo, id praecipit, ut membra nostra aut staturam figuramve noscamus; neque nos corpora sumus nec ego tibi haec dicens corpori tuo dico. Cum igitur „nosce te" dicit, hoc dicit: „nosce animum tuum". Nam corpus quidem quasi vas est aut aliquod animi receptaculum; ab animo tuo quicquid agitur, id agitur a te. Hunc igitur nosse nisi divinum esset, non esset hoc acrioris cuiusdam animi praeceptum tributum deo.

Sed si, qualis sit animus, ipse animus nesciet, dic quaeso, ne esse quidem se sciet, ne moveri quidem se? ex quo illa ratio nata est Platonis, quae a Socrate est in „Phaedro" explicata, a me autem posita est in sexto libro „de re publica":

„Quod semper movetur, aeternum est; quod autem motum adfert alicui quodque ipsum agitatur aliunde, quando finem habet motus, vivendi finem habeat necesse est. Solum igitur, quod se ipsum movet, quia numquam deseritur a se, numquam ne moveri quidem desinit; quin etiam ceteris, quae moventur, hic fons, hoc principium est movendi.

Principii autem nulla est origo; nam et principio oriuntur omnia, ipsum autem nulla ex re alia nasci potest; nec enim esset id principium, quod gigneretur aliunde. Quod si numquam oritur, ne occidit quidem umquam; nam principium exstinctum nec ipsum ab alio renascetur nec ex se aliud creabit, siquidem necesse est a principio oriri omnia. Ita fit, ut motus principium ex eo sit, quod ipsum a se movetur; id autem nec nasci potest nec mori, vel concidat omne caelum omnisque natura consistat necesse est nec vim ullam nanciscatur, qua a primo impulsa moveatur.

Cum pateat igitur aeternum id esse, quod se ipsum moveat, quis est, qui hanc naturam animis esse tributam neget? Inanimum est enim omne, quod pulsu agitatur externo; quod autem est animal, id motu cietur interiore et suo; nam haec est propria natura animi atque vis. Quae si est una ex omnibus, quae se ipsa moveat, neque nata certe est et aeterna est."

(64/65) nīmīrum *(Adv.)*: ohne Zweifel, natürlich • membrum *7 • **statūra**: Körperbau • figura *6 • **vās**, sis *n.*: Gefäß • **receptāculum**: Behältnis
quaesō: bitte! **(75) Phaedrus**: *Dialog Platons, aus dem C. zitiert* • **explicāre**: erklären • **in sextro l. de r.p.**: *dort geht es um den Lohn für den Politiker und um die Unsterblichkeit der Seele* • **aliunde** *(Adv.)*: von irgendwoher • quin *71 **(81) fōns**, ntis *m.*: Quelle, Ursprung • gignere *10 **(87) renāscī**: wieder entstehen • **concidere**: zusammenfallen • **inanimus**: unbeseelt, leblos • **pulsus**, ūs: Stoß, Antrieb • externus *22 **(95) ciēre**: bewegen • **plēbēius**: plebejisch, gemein
dissidēre: nicht übereinstimmen, im Widerspruch stehen • elegans *38 **(100) explicāre**: entwickeln, darstellen • **subtīlis**: scharfsinnig • concludere *36 • **aeternitās**: Ewigkeit, Unsterblichkeit

Licet concurrant omnes plebei philosophi – sic enim ii, qui a Platone et Socrate et ab ea familia dissident, appellandi videntur –, non modo nihil umquam tam eleganter explicabunt, sed ne hoc quidem ipsum quam subtiliter conclusum sit, intellegent. Sentit igitur animus se moveri; quod cum sentit, illud una sentit: se vi sua, non aliena moveri nec accidere posse, ut ipse umquam a se deseratur. Ex quo efficitur aeternitas.

Die Einheit von Leib, Seele und Geist **11**

(De finibus 5, 34–37 · 42–43)

Der Leib-Seele-Dualismus stellt ein immer wieder neu aufgeworfenes Problem der Philosophiegeschichte dar. Die peripatetische Lehre über die menschlichen Werte unterscheidet sich von anderen anthropologischen Vorstellungen gerade dadurch, daß sie das Ganze des Menschen nicht aus dem Blick verliert, d. h. auch die unteren Naturstufen nicht wert- und gegenstandslos werden läßt:

Deinceps videndum est, quoniam satis apertum est sibi quemque natura esse carum, quae sit hominis natura. Id est enim, de quo quaerimus. Atqui perspicuum est hominem e corpore animoque constare, cum primae sint animi partes, secundae corporis. Deinde id quoque videmus et ita figuratum corpus, ut excellat aliis, animumque ita constitutum, ut et sensibus instructus sit et habeat praestantiam mentis, cui tota hominis natura pareat, in qua sit mirabilis quaedam vis rationis et cognitionis et scientiae virtutumque omnium. Iam quae corporis sunt, ea nec auctoritatem cum animi partibus comparandam et cognitionem habent faciliorem. Itaque ab his ordiamur.

Corporis igitur nostri partes totaque figura et forma et statura quam apta ad naturam sit, apparet neque est dubium, quin, frons, oculi, aures et reliquae partes quales propriae sint hominis, intellegatur. Sed certe opus est ea valere et vigere et naturales motus ususque habere, ut nec absit quid eorum nec aegrum debilitatumve sit; id enim natura desiderat.

Est autem etiam actio quaedam corporis, quae motus et status naturae congruentes tenet; in quibus si peccetur distortione et depravatione quadam aut motu statuve deformi, ut si aut manibus ingrediatur quis aut non ante, sed retro, fugere plane se ipse et hominem ex homine exuens

---

Text 11

deinceps *72; perspicuus *39 • **figūrāre:** gestalten, bilden • excellere *55 **(6) praestantia:** Vorzug • **mīrābilis:** wunderbar • cognitio *28; ordiri *14 **(11)** figura *6 • **statūra:** Körperbau, -haltung • quin *71 • **Sb quīn frōns, ...:** quīn intellegātur, quālēs frōns ... • **vigēre:** kräftig sein **(15) dēbilitātus:** schwach • congruere *45 • **distortiō:** Verdrehung, Verrenkung • **dēprāvātiō:** Verzerrung, Entstellung • **dēfōrmis:** häßlich • **ut sī:** wie zum Beispiel wenn • **retrō** *(Adv.)*: rückwärts • **hominem ex homine exuere:** sich des Menschseins entäußern

naturam odisse videatur. Quam ob rem etiam sessiones quaedam et flexi fractique motus, quales protervorum hominum aut mollium esse solent, contra naturam sunt, ut, etiamsi animi vitio id eveniat, tamen in corpore immutari hominis natura videatur. Itaque e contrario moderati aequabilesque habitus, affectiones ususque corporis apti esse ad naturam videntur.

Iam vero animus non esse solum, sed etiam cuiusdam modi debet esse, ut et omnes partes suas habeat incolumes et de virtutibus nulla desit.

Atque in sensibus est sua cuiusque virtus, ut ne quid impediat, quominus suo sensus quisque munere fungatur in iis rebus celeriter expediteque percipiendis, quae subiectae sunt sensibus.

Animi autem et eius animi partis, quae princeps est quaeque mens nominatur, plures sunt virtutes, sed duo prima genera, unum earum, quae ingenerantur suapte natura appellanturque non voluntariae, alterum autem earum, quae in voluntate positae magis proprio nomine appellari solent, quarum est excellens in animorum laude praestantia.

Prioris generis est docilitas, memoria; quae fere omnia appellantur uno ingenii nomine, easque virtutes qui habent, ingeniosi vocantur. Alterum autem genus est magnarum verarumque virtutum, quas appellamus voluntarias, ut prudentiam, temperantiam, fortitudinem, iustitiam et reliquas eiusdem generis.

Et summatim quidem haec erant de corpore animoque dicenda, quibus quasi informatum est, quid hominis natura postulet. Ex quo perspicuum est, quoniam ipsi a nobis diligamur omniaque et in animo et in corpore perfecta velimus esse, ea nobis ipsa cara esse propter se et in iis esse ad bene vivendum momenta maxima.

Nam cui proposita sit conservatio sui, necesse est huic partes quoque sui caras esse carioresque, quo perfectiores sint et magis in suo genere laudabiles. Ea enim vita expetitur, quae sit animi corporisque expleta virtutibus, in eoque summum bonum poni necesse est, quandoquidem id tale esse debet, ut rerum expetendarum sit extremum.

---

(20) sessiō: Art des Sitzens • **flexus frāctusque:** gewunden oder gebrochen • **protervus:** frech, unanständig • **mollis:** weich, *auch*: geschmeidig, wollüstig, unzüchtig • etiamsi *69 • **immūtāre:** verändern • **ē contrāriō:** andererseits • **moderātus:** maßvoll, beherrscht • **aequābilis:** ausgeglichen **(24) habitus,** ūs: Haltung, Stellung • **affectiō:** Zustand, Konstitution • **ūsus,** ūs *(hier)*: Haltung und Bewegung **(29) expedītus:** ungehindert, leicht • percipere *31 • **ingenerārī:** angeboren sein • **(sua)pte** *(Suffix)*: vornehmlich, besonders • **voluntārius:** dem Willen unterworfen, freiwillig, willkürlich **(35)** excellere *63 • **docilitās:** Gelehrigkeit, Intelligenz • **ingeniōsus:** begabt • temperantia *50 **(41) summātim** *(Adv.)*: im allgemeinen, kurz • **īnfōrmātus:** eingeformt, eingeprägt • perspicuus *39 **(45) momenta maxima:** ausschlaggebende Bedeutung • **cōnservātiō suī:** Selbsterhaltung • laudabi-

Quo cognito dubitari non potest, quin, cum ipsi homines sibi sint per se et sua sponte cari, partes quoque et corporis et animi et earum rerum, quae sunt in utriusque motu et statu, sua caritate colantur et per se ipsae appetantur. [...]

Parvi primo ortu sic iacent, tamquam omnino sine animo sint. Cum autem paulum firmitatis accessit, et animo utuntur et sensibus conitunturque, ut sese erigant, et manibus utuntur et eos agnoscunt, a quibus educantur. Deinde aequalibus delectantur libenterque se cum iis congregant dantque se ad ludendum fabellarumque auditione ducuntur deque eo, quod ipsis superat, aliis gratificari volunt animadvertuntque ea, quae domi fiunt, curiosius incipiuntque commentari aliquid et discere et eorum, quos vident, volunt non ignorare nomina, quibusque rebus cum aequalibus decertant, si vicerunt, efferunt se laetitia, victi debilitantur animosque demittunt. Quorum sine causa fieri nihil putandum est.

Est enim natura sic generata vis hominis, ut ad omnem virtutem percipiendam facta videatur, ob eamque causam parvi virtutum simulacris, quarum in se habent semina, sine doctrina moventur; sunt enim prima elementa naturae, quibus auctis virtutis quasi germen efficitur.

Nam cum ita nati factique simus, ut et agendi aliquid et diligendi aliquos et liberalitatis et referendae gratiae principia in nobis contineremus atque ad scientiam, prudentiam, fortitudinem aptos animos haberemus a contrariisque rebus alienos, non sine causa eas, quas dixi, in pueris virtutum quasi scintillas videmus, e quibus accendi philosophi ratio debet, ut – eam quasi deum ducem subsequens – ad naturae perveniat extremum.

Nam, ut saepe iam dixi, in infirma aetate imbecillaque mente vis naturae quasi per caliginem cernitur; cum autem progrediens confirmatur animus, agnoscit ille quidem naturae vim, sed ita, ut progredi possit longius, per se sit tantum inchoata.

---

lis *55; expetere *54 • **explēre**: anfüllen • **quandōquidem** *(Konjunktion)*: da nun einmal, da ja **(50) extrēmum**: Ende, Ziel • quin *71 • **caritās sua**: 'Selbstliebe' (caritas *48)

(55) parvī: *Substantiv!* • **prīmō ortū**: gleich nach der Geburt • **firmitās**: Kraft • **cōnītī**: sich anstrengen • **agnōscere**: erkennen • **ēducāre**: aufziehen • **aequālis**, is: Gleichaltriger • **congregāre**: zusammenscharen, anschließen • **sē dare ad**: sich hingeben • **fābella**: Märchen • **audītiō**: Hören **(60) superāre**: übrig bleiben • **gratificārī**: schenken • **cūriōsus**: neugierig • **commentārī**: ausdenken • **dēcertāre**: streiten • **laetitiā sē efferre**: sich begeistert rühmen • **dēbilitārī**: aus der Fassung geraten, bedrückt sein **(64) animum dēmittere**: entmutigt werden, den Kopf hängen lassen • generare *11 • **sēmen**, inis *n.*: Same, Keim • **doctrīna**: Lehre • **elementa**, ōrum: Urstoff • **germen**, inis *n.*: Keim, Sproß • liberalitas *49 **(71/72) aptus ↔aliēnus**: empfänglich ↔ unempfänglich • **scintilla**: Funken • **accendī**: sich entzünden **(76) īnfirmus**: kraftlos • imbecillus *21 • **cālīgō**, inis *f.*: Dunst, Nebel • **sed ita ... inchoata**: „aber so, daß sie sich zwar weiterentwickeln kann, an sich jedoch nur ansatzweise vorhanden ist".

IV. Ethik

„Was sollen wir tun?“ Kants berühmte Frage ist nicht deliberativ zu verstehen, abwägend zwischen alternativen Möglichkeiten unseres Verhaltens, sondern normativ. Die Ethik, Sittenlehre, fragt nach den Grundsätzen und Zielen, an denen wir unser Handeln ausrichten. Natürlich gibt es auch so etwas wie Metaethik, eine Richtung, die mehr deskriptiv die Prämissen behandelt, von denen die Ethik ausgehen kann, und die Methoden, die für die Lösung ethischer Probleme verwendet werden, doch im wesentlichen ist Ethik normative Ethik, die in ihrer Praxisbezogenheit auch mit Moral gleichgesetzt wird.

Zunächst aber ist auch hier eine theoretische Grundlegung vonnöten: In der Antike sucht man sie über Fragen wie diese zu gewinnen: Was entspricht dem Wesen des Menschen? Was bringt den Sinn seines Daseins zur Erfüllung? Was macht sein Glück aus? Alle drei Fragen zielen auf die *Eudaimonía*, Glückseligkeit; sie ist das höchste Gut. Je nachdem, ob dieses eher transzendent oder weltimmanent gesehen wird, welchen Anteil Sinnlich-Materielles daran hat usw., kommen äußere Güter, Lust, Erkenntnis oder Tugend als Zielsetzungen des menschlichen Lebens in Frage.

Tugend hat im Deutschen (entgegen der etymologischen Ableitung von Tauglich-Sein) unter christlichem Einfluß eine ausschließlich sittliche Bedeutung angenommen, ja ist heute zum Synonym für Anstand und Unschuld geworden. Im Griechischen bezeichnet *areté* hingegen Vortrefflichkeit an Körper und Geist, wie sie vor allem dem Adeligen zukommt, die lateinische Entsprechung *virtus* steht ebenfalls für körperliche und geistige Vorzüge, speziell die, die man von einem 'richtigen Mann' *(vir)* erwartet, und betont noch stärker den Anspruch, im Handeln verwirklicht zu werden.

Solche 'Tugend' ist dem Menschen nicht angeboren – das ist bestenfalls die Anlage dazu –, sondern muß gelernt, durch ständige Übung erst erworben und weiter erhalten werden – ob man sie nun mit Platon in einem System von Grundtugenden (den später so genannten Kardinaltugenden) ansetzt oder sie mit Aristoteles in der Erringung der rechten Mitte zwischen zwei Extremen sieht oder mit den Epikureern als Zustand der Ausgeglichenheit und Zufriedenheit definiert (so umschreibt man den epikureischen Begriff der Lust sinnvollerweise) oder mit den Stoikern als vernunft- bzw. naturgemäßes Leben. Alle diese antiken Bestimmungen des ethischen Ziels beschreiben wiederum zugleich die Glückseligkeit, die Eudämonie.

Text 12

versārī in: beruhen auf • externus *22 • **dūcere ā:** herleiten von • **īnfāmis:** verrufen, schlechten Ruf bringend • deinceps *72 • **facultātēs,** um: Möglichkeiten, Geld(mittel) **(7) facta:** *mit diesem Begriff beginnt die Behandlung der geistig-seelischen Güter* • **collocātiō:** Stellung, Anordnung • **triplex,** icis: dreifach • **dīgerere:** verteilen **(10) locus:** Bereich, Thema • latissime patens *19; disputatio *42; concludere *36

duplex, icis: zweifach, doppelt • **calliditās:** Schlauheit **(15) pollēre:** vermögen, stark sein • **moderārī:** mäßigen, zügeln • temperantia *50 • **itidem** *(Adv.)*: ebenso • **distribuere:** verteilen, einteilen **(20)** expetere *54 • **incommodus:** nachteilig, unangenehm • **obstāre:** entgegenstehen, hinderlich sein • **patientia:** Duldsamkeit, Ausdauer • complecti *32; liberalitas *44 • **altitūdō animī:** Hochherzigkeit • **commūniō:** Gemeinschaft • **ergā** *(Präp.)*: gegen • **moderātiō:** Beherrschung • **animī advertendī** = animadvertendi • **lēnitās:** Milde, Sanftmut • **benevolentia:** Wohlwollen, Entgegenkommen, Zuneigung **(31) ministra:** Dienerin, Gehilfin • distinguere *34 • **ōrātōria** *sc.* ars: Redekunst, Rhetorik

Das System der Tugenden **12**

(Partitiones oratoriae 74–78)

Das sittlich Gute, das also, was man als Tugenden bezeichnet, läßt sich an dem bemessen, was der Mensch seinem Wesen nach sein und leisten kann. In einem rhetorischen Lehrbuch außerhalb der Reihe seiner philosophischen Schriften, einem Katechismus in Frage- und Antwortform, in dem Cicero seinen Sohn über die Lehren der verschiedenen Philosophenschulen informiert, hat er die Güterlehre (vgl. die Einleitung zu Text 8) der Akademie kurz umrissen. Diese recht nüchterne Darstellung, die ganz auf die rhetorische Praxis abgestellt ist, soll sie dem Redner doch Kriterien für die Anordnung seiner Gedanken liefern, eignet sich gut zur Einführung in die Probleme der Ethik.

Sed quoniam tribus in generibus bona malave versantur, prima sint externa, quae ducantur a genere; quo breviter modiceque laudato aut, si erit infame, praetermisso, si humile, vel praeterito vel ad augendam eius, quem laudes, gloriam tacto, deinceps, si res patietur, de fortunis erit facultatibusque dicendum. Postea de corporis bonis; in quibus, quod quasi virtutem maxime significat, facillime forma laudatur.

Deinde est ad facta veniendum, quorum collocatio triplex est: aut enim temporum servandus ordo est aut in primis recentissimum quidque dicendum aut multa et varia facta in propria virtutum genera sunt digerenda. Sed hic locus virtutum atque vitiorum latissime patens ex multis et variis disputationibus nunc in quandam angustam et brevem concludetur.

Est igitur vis virtutis duplex: aut enim scientia cernitur virtus aut actione.

Nam quae prudentia, quae calliditas quaeque gravissimo nomine sapientia appellatur, haec scientia pollet una.

Quae vero moderandis cupiditatibus regendisque animi motibus laudatur, eius est munus in agendo; cui temperantiae nomen est. Atque illa prudentia in suis rebus domestica, in publicis civilis appellari solet. Temperantia autem in suas itidem res et in communes distributa est duobusque modis in rebus commodis cernitur: et ea, quae absunt, non expetendo et ab eis, quae in potestate sunt, abstinendo.

In rebus incommodis est itidem duplex: nam quae venientibus malis obstat, fortitudo, quae, quod iam adest, tolerat et perfert, patientia nominatur. Quae autem haec uno genere complectitur, magnitudo animi dicitur; cuius est liberalitas in usu pecuniae simulque altitudo animi in capiendis incommodis et maxime iniuriis et omne, quod est eius generis.

In communione autem quae posita pars est, iustitia dicitur eaque erga deos religio, erga parentes pietas, creditis in rebus fides, in moderatione animi advertendi lenitas, amicitia in benevolentia nominatur.

Atque hae quidem virtutes cernuntur in agendo. Sunt autem aliae quasi ministrae comitesque sapientiae; quarum altera, quae sint in disputando vera atque falsa quibusque positis quid sequatur, distinguit et iudicat, quae virtus omnis in ratione scientiaque disputandi sita est, altera autem oratoria.

13 Epikurs Philosophie der Lust

(De finibus bonorum et malorum 1, 29–30 · 37–38 · 40–42 · 54 · 57–62)

Philosophische Ethik fragt nach den Maßstäben, an denen der Mensch sein Handeln und Verhalten ausrichtet, und nach dem Punkt, an dem diese Werteskala sich zu orientieren hat, d.h. nach dem höchsten Gut und – entsprechend – dem größten Übel, den „fines bonorum et malorum". Im ersten Buch des dieser Thematik gewidmeten Dialogs stellt L. Manlius Torquatus (aus altem Adel Roms) die Lehre Epikurs vor.

Primum igitur, inquit, sic agam, ut ipsi auctori huius disciplinae placet: constituam, quid et quale sit id, de quo quaerimus, non quo ignorare vos arbitrer, sed ut ratione et via procedat oratio.

Quaerimus igitur, quid sit extremum et ultimum bonorum, quod omnium philosophorum sententia tale debet esse, ut ad id omnia referri oporteat, ipsum autem nusquam. Hoc Epicurus in voluptate ponit, quod summum bonum esse vult, summumque malum dolorem, idque instituit docere sic: Omne animal, simul atque natum sit, voluptatem appetere eaque gaudere ut summo bono, dolorem aspernari ut summum malum et – quantum possit – a se repellere idque facere nondum depravatum ipsa natura incorrupte atque integre iudicante. Itaque negat opus esse ratione neque disputatione, quam ob rem voluptas expetenda, fugiendus dolor sit. Sentiri haec putat, ut calere ignem, nivem esse albam, dulce mel. Quorum nihil oportere exquisitis rationibus confirmare, tantum satis esse admonere. [...]

Nunc autem explicabo, voluptas ipsa quae qualisque sit, ut tollatur error omnis imperitorum intellegaturque, ea, quae voluptaria, delicata, mollis habeatur disciplina, quam gravis, quam continens, quam severa sit. Non enim hanc solam sequimur, quae suavitate aliqua naturam ipsam movet et cum iucunditate quadam percipitur sensibus, sed maximam voluptatem illam habemus, quae percipitur omni dolore detracto. Nam quoniam,

Text 13

nōn quō *(Konjunktion)*: nicht als ob • **ultimus**: der äußerste **(5)** referre *37; nusquam *76 • **simul atque** *(Konjunktion)*: sobald • **aspernārī**: zurückweisen, verwerfen • **repellere**: abweisen, fernhalten **(10) dēprāvāre**: entstellen, verunstalten • **incorruptus**: unverdorben • **ratiō** (... quam ob rem): Überlegung • disputatio *42 • **calēre**: heiß sein • **nix**, nivis *f.*: Schnee • **albus**: weiß • **mel**, mellis *n.*: Honig • **exquīsītus**: ausgesucht, scharfsinnig **(16) explicāre**: erläutern • error *43 • **Sb intellegāturque ... sevēra sit**: intellegātur, quam ... sit ea disciplīna, quae ... habeātur • **voluptārius**: Vergnügen schaffend • **dēlicātus**: angenehm, schlüpfrig, unmoralisch • continens *51 • **suāvitās**: Süße, Annehmlichkeit **(20) iūcunditās**: Vergnügen, Genuß • **dētrahere**: entziehen

cum privamur dolore, ipsa liberatione et vacuitate omnis molestiae gaudemus, omne autem id, quo gaudemus, voluptas est, ut omne, quo offendimur, dolor, doloris omnis privatio recta nominata est voluptas. Ut enim, cum cibo et potione fames sitisque depulsa est, ipsa detractio molestiae consecutionem affert voluptatis, sic in omni re doloris amotio successionem efficit voluptatis.

Itaque non placuit Epicuro medium esse quiddam inter dolorem et voluptatem; illud enim ipsum, quod quibusdam medium videretur, cum omni dolore careret, non modo voluptatem esse, verum etiam summam voluptatem. Quisquis enim sentit, quem ad modum sit affectus, eum necesse est aut in voluptate esse aut in dolore. Omnis autem privatione doloris putat Epicurus terminari summam voluptatem, ut postea variari voluptas distinguique possit, augeri amplificarique non possit. [...]

Extremum autem esse bonorum voluptatem ex hoc facillime perspici potest: Constituamus aliquem magnis, multis, perpetuis fruentem et animo et corpore voluptatibus nullo dolore nec impediente nec impendente – quem tandem hoc statu praestabiliorem aut magis expetendum possimus dicere? Inesse enim necesse est in eo, qui ita sit affectus, et firmitatem animi nec mortem nec dolorem timentis, quod mors sensu careat, dolor in longinquitate levis, in gravitate brevis soleat esse, ut eius magnitudinem celeritas, diuturnitatem allevatio consoletur.

Ad ea cum accedit, ut neque divinum numen horreat nec praeteritas voluptates effluere patiatur earumque assidua recordatione laetetur, quid est, quod huc possit, quod melius sit, accedere? Statue contra aliquem confectum tantis animi corporisque doloribus, quanti in hominem maximi cadere possunt, nulla spe proposita fore levius aliquando, nulla praeterea neque praesenti nec exspectata voluptate, quid eo miserius dici

• **prīvāre:** befreien • **liberātiō:** Befreiung • **vacuitās:** Befreitsein **(25) cibus:** Speise • **pōtiō:** Trank • **famēs,** is *f.*: Hunger • **sitis,** is *f.*: Durst • **dēpellere:** vertreiben • **dētractiō:** Entzug • **cōnsecūtiō:** Folge • **āmōtiō:** Entfernung, Beseitigung • **successiō:** Nachfolge, Eintreten **(29) quibusdam:** *gemeint sind die Stoiker; der Gedanke eines Zwischenzustands zwischen Schmerz und Lust geht auf Platon zurück, vgl. dazu auch Text 15* • **prīvātiō:** Befreiung • **termināre:** abgrenzen, bestimmen • **variāre:** verändern, mannigfaltig machen • distinguere *34 • **amplificāre:** steigern **(35) extrēmum:** Endpunkt, Zielpunkt • **impendēre:** drohen • **praestābilis:** vorzüglich • expetere *54 • **firmitās:** Festigkeit **(41) longinquitās:** Dauer • celeritas *16 • **diūturnitās:** Dauer • **allevātiō:** Erleichterung • **cōnsōlārī:** lindern • **dīvīnum nūmen horrēre:** *vgl. Text 4* • **horrēre** + *Akk.*: zurückschrecken vor, Angst haben vor • **effluere:** entströmen, entschwinden • **assiduus:** beständig, bleibend • **recordātiō:** Erinnerung **(45) constituāmus ... (35) statue contrā ...:** *Vorbild für diese Gegenüberstellung zweier Extreme ist Platon, der in seiner 'Politeia' den wie ein Verbrecher behandelten Gerechten und den alle Ehren genießenden Ungerechten als Gegenbilder charakterisiert.* • **(quantī) maximī** *(prädikativ)*: schlimmstenfalls •

aut fingi potest? Quodsi vita doloribus referta maxime fugienda est, summum profecto malum est vivere cum dolore; cui sententiae consentaneum est ultimum esse bonorum cum voluptate vivere. Nec enim habet nostra mens quicquam, ubi consistat tamquam in extremo, omnesque et metus et aegritudines ad dolorem referuntur, nec praeterea est res ulla, quae sua natura aut sollicitare possit aut angere.

Praeterea et appetendi et refugiendi et omnino rerum gerendarum initia proficiscuntur aut a voluptate aut a dolore. Quod cum ita sit, perspicuum est omnes rectas res atque laudabiles eo referri, ut cum voluptate vivatur. Quoniam autem id est vel summum bonorum vel ultimum vel extremum – quod Graeci τέλος nominant –, quod ipsum nullam ad aliam rem, ad id autem res referuntur omnes, fatendum est summum esse bonum iucunde vivere. Id qui in una virtute ponunt et splendore nominis capti, quid natura postulet, non intellegunt, errore maximo, si Epicurum audire voluerint, liberabuntur. Istae enim vestrae eximiae pulchraeque virtutes, nisi voluptatem efficerent, quis eas aut laudabiles aut expetendas arbitraretur? [...]

Quodsi ne ipsarum quidem virtutum laus, in qua maxime ceterorum philosophorum exsultat oratio, reperire exitum potest, nisi derigatur ad voluptatem, voluptas autem est sola, quae nos vocet ad se et alliciat suapte natura, non potest esse dubium, quin id sit summum atque extremum bonorum omnium beateque vivere nihil aliud sit nisi cum voluptate vivere. [...]

O praeclaram beate vivendi et apertam et simplicem et directam viam! Cum enim certe nihil homini possit melius esse quam vacare omni dolore et molestia perfruique maximis et animi et corporis voluptatibus, videtisne, quam nihil praetermittatur, quod vitam adiuvet, quo facilius id, quod propositum est, summum bonum consequamur?

Clamat Epicurus – is quem vos nimis voluptatibus esse deditum dicitis – non posse iucunde vivi, nisi sapienter, honeste iusteque vivatur, nec sapienter, honeste, iuste, nisi iucunde. Neque enim civitas in seditione beata esse potest nec in discordia dominorum domus; quo minus animus a se ipse dissidens secumque discordans gustare partem ullam liquidae

---

quodsi *70; refertus *17 **(50) cōnsentāneus:** übereinstimmend, sich (logisch) ergebend • **quicquam** *sc.* aliud • **aegritūdō:** Kummer • referre *37 • **angere:** ängstigen **(55) refugere:** meiden, ablehnen • perspicuus *39; laudabilis *55 • τέλος ('télos') *griech.*: Ziel **(61)** iucundus *53 • **splendor:** Glanz • error *43 • **eximius:** außerordentlich

quodsi *70 **(67) exsultāre:** jubeln, prahlen, sich frei ergehen • **reperīre exitum:** ein Ergebnis finden, von Erfolg gekrönt sein • **dērigere** = dirigere • **allicere,** iō: anlocken • **(sua)pte** *(verstärkendes Suffix)*: besonders, gerade • quin *71 **(72) apertus:** offen, geebnet • simplex *20 • **dīrēctus:** gerade • vacare *18 • **perfruī:** auskosten • seditio *61 **(80) discordia:** Zwietracht; **discordāre:** uneins sein • **dissidēre:** in Zwietracht leben • **gūstāre:** kosten, genießen • **liquidus:** (flüssig,) klar, rein

voluptatis et liberae potest. Atqui pugnantibus et contrariis studiis consiliisque semper utens nihil quieti videre, nihil tranquilli potest.

Quodsi corporis gravioribus morbis vitae iucunditas impeditur, quanto magis animi morbis impediri necesse est! Animi autem morbi sunt cupiditates immensae et inanes divitiarum, gloriae, dominationis, libidinosarum etiam voluptatum. Accedunt aegritudines, molestiae, maerores, qui animos exedunt (conficiuntque curis) hominum non intellegentium nihil dolendum esse animo, quod sit a dolore corporis praesenti futurove seiunctum. Nec vero quisquam stultus non horum morborum aliquo laborat, nemo igitur stultus non miser.

Accedit etiam mors, quae quasi saxum Tantalo semper impendet, tum superstitio, qua qui est imbutus, quietus esse numquam potest. Praeterea bona praeterita non meminerunt, praesentibus non fruuntur, futura modo exspectant; quae quia certa esse non possunt, conficiuntur et angore et metu maximeque cruciantur, cum sero sentiunt frustra se aut pecuniae studuisse aut imperiis aut opibus aut gloriae. Nullas enim consequuntur voluptates, quarum potiendi spe inflammati multos labores magnosque susceperant.

Ecce autem alii minuti et angusti aut omnia semper desperantes aut malevoli, invidi, difficiles, lucifugi, maledici, morosi, alii autem etiam amatoriis levitatibus dediti, alii petulantes, alii audaces, protervi, idem intemperantes et ignavi, numquam in sententia permanentes, quas ob causas in eorum vita nulla est intercapedo molestiae. Igitur neque stultorum quisquam beatus neque sapientium non beatus.

Multoque hoc melius nos veriusque quam Stoici. Illi enim negant bonum quicquam esse nisi nescio quam illam umbram, quod appellant

---

(84) iūcunditās: Annehmlichkeit • **immēnsus:** maßlos, ungeheuer • **dominātiō:** Herrschaft • **libīdinōsus:** genußsüchtig, ausschweifend • **molestia:** Mühsal, Beschwernis • **maeror:** Trauer, Wehmut • **Sb quī animōs ...:** qui exedunt et curis conficiunt animos hominum ... • **exedere:** aufessen, zernagen **(90) sēiungere:** trennen • **Tantalus:** *(griech. Mythologie:) kleinasiatischer König der Urzeit, der für seine Hybris in der Unterwelt auf ewig Hunger und Durst erleiden muß und über dessen Haupt ständig ein Felsblock abzustürzen droht* • **impendēre:** darüberhängen, drohen • **superstitiō:** Aberglauben • **imbuere,** ō, uī, ūtum: durchtränken, anstecken **(96) angor:** Angst • **cruciāre:** martern, foltern • **īnflammāre:** anzünden, entflammen **(100) ecce** *(Interjektion)*: sieh da! man sehe nur! • **minūtus:** winzig, unbedeutend, kleinlich • **angustus** *(hier)*: engherzig • **malevolus:** böswillig • invidus *58 • **difficilis** *(hier)*: unzugänglich, eigensinnig • **lūcifugus:** lichtscheu • **maledicus:** lästernd, schmähsüchtig • **mōrōsus:** eigensinnig • **amātōria levitās:** leichtfertiges Liebesabenteuer • **petulāns,** ntis: frech • **protervus:** unverschämt • **intemperāns,** ntis: maßlos • **īgnāvus:** feig • **permanēre:** beharren **(104) intercapēdō,** inis *f.*: Unterbrechung • **molestia:** Mühsal, Beschwernis • **umbra:** Schatten, Trugbild •

honestum non tam solido quam splendido nomine, virtutem autem nixam hoc honesto nullam requirere voluptatem atque ad beate vivendum se ipsa esse contentam.

Sed possunt haec quadam ratione dici non modo non repugnantibus, verum etiam approbantibus nobis. Sic enim ab EPICURO sapiens semper beatus inducitur: finitas habet cupiditates, neglegit mortem, de diis immortalibus sine ullo metu vera sentit, non dubitat, si ita melius sit, migrare de vita. His rebus instructis semper est in voluptate. Neque enim tempus est ullum, quo non plus voluptatum habeat quam dolorum. Nam et praeterita grate meminit et praesentibus ita potitur, ut animadvertat, quanta sint ea quamque iucunda, neque pendet ex futuris, sed exspectat illa, fruitur praesentibus, ab iis vitiis, quae paulo ante collegi, abest plurimum et, cum stultorum vitam cum sua comparat, magna afficitur voluptate. Dolores autem, si qui incurrunt, numquam vim tantam habent, ut non plus habeat sapiens, quod gaudeat, quam quod angatur.

14 Ciceros Kritik am epikureischen System
(De finibus 2, 111–114)

Welchen Sinn soll es haben, sich mit Geist und Kultur zu beschäftigen, wenn es im menschlichen Leben um Lustgewinnung geht? Spätestens mit Sigmund Freuds Libidotheorie ist dieses Problem wieder ins allgemeine Bewußtsein getreten. Cicero zielt in seiner Argumentation gegen den Epikureismus – nach der Erörterung definitorischer Unklarheiten und innerer Widersprüche – vor allem darauf ab, daß beim Menschen andere Qualitäten und Lebensziele als höherwertig einzustufen seien als die Sinnlichkeit. Gegen Ende seiner Ausführungen finden sich folgende Gedanken:

Nos vero, si quidem in voluptate sunt omnia, longe multumque superamur a bestiis, quibus ipsa terra fundit ex sese pastus varios atque abundantes nihil laborantibus, nobis autem aut vix aut ne vix quidem suppetunt multo labore quaerentibus. Nec tamen ullo modo summum pecudis bonum et hominis idem mihi videri potest. Quid enim tanto opus est instrumento in optimis artibus comparandis, quid tanto concursu honestissimorum studiorum, tanto virtutum comitatu, si ea nullam ad aliam rem nisi ad voluptatem conquiruntur?

---

solidus: gediegen, zutreffend • **splendidus:** glänzend, blendend • contentus *52; repugnare *46 **(112) approbāre:** zustimmen • **migrāre dē vītā:** aus dem Leben scheiden **(121) incurrere:** einstürmen • **angī:** sich ängstigen

Text 14

bestia *8 • **pāstus,** ūs: Futter, Nahrung • **abundāns,** ntis: reich, im Überfluß • **Sb: quibus ... labōrantibus, nōbīs ... quaerentibus** • **suppetere:** ausreichend zur Verfügung stehen; **suppetunt** *sc.* pāstūs **(4) pecus,** udis *f.*: Vieh • **īnstrūmentum:** Mittel, Aufwand • **optimae artēs:** Wissenschaft und Kunst • **concursus,** ūs: Zusammenwirken • **comitātus,** ūs: Gefolge • **conquīrere:** erwerben, beschaffen

Ut, si Xerxes, cum tantis classibus tantisque equestribus et pedestribus copiis Hellesponto iuncto, Athone perfosso maria ambulavisset terramque navigasset, – si, cum tanto impetu in Graeciam venisset, causam eius quis ex eo quaereret tantarum copiarum tantique belli, mel se auferre ex Hymetto voluisse diceret, certe sine causa videretur tanta conatus, sic nos sapientem plurimis et gravissimis artibus atque virtutibus instructum et ornatum, non, ut illum, maria pedibus peragrantem, classibus montes, sed omne caelum totamque cum universo mari terram mente complexum, voluptatem petere si dicemus, mellis causa dicemus tanta molitum.

Ad altiora quaedam et magnificentiora, mihi crede, Torquate, nati sumus – nec id ex animi solum partibus, in quibus inest memoria rerum innumerabilium (in te quidem infinita), inest coniectura consequentium, non multum a divinatione differens, inest moderator cupiditatis pudor, inest ad humanam societatem iustitiae fida custodia, inest in perpetiendis laboribus adeundisque periculis firma et stabilis doloris mortisque contemptio; ergo haec in animis, tu autem etiam membra ipsa sensusque considera, qui tibi, ut reliquae corporis partes, non comites solum virtutum, sed ministri etiam videbuntur.

Quid, si in ipso corpore multa voluptati praeponenda sunt, ut vires, valetudo, velocitas, pulchritudo, quid tandem in animis censes? In quibus doctissimi illi veteres inesse quiddam caeleste et divinum putaverunt. Quodsi esset in voluptate summum bonum, ut dicitis, optabile esset in voluptate maxima nullo intervallo interiecto dies noctesque versari, cum omnes sensus dulcedine omni quasi perfusi moverentur. Quis est autem dignus nomine hominis, qui unum diem totum velit esse in isto genere voluptatis?

(9/10) Sb ut, sī Xerxēs . . .: ut, sī X. dīceret, vidērētur . . ., sīc nōs, sī dīcēmus sapientem ... petere, ... dīcēmus (eum) tanta mōlītum esse; **Xerxēs:** *der Perserkönig ließ auf seinem Zug gegen Griechenland 480 eine Schiffbrücke über den* Hellespont, *die Meerenge zwischen Asien und Europa zum Mittelmeer hin, bauen und den Berg* Athos *(die östlichste der Landzungen der Halbinsel Chalkidike) durch einen Kanal durchstechen* • **equester** (tris, tre): Reiter- • **pedester** (tris, tre): Fuß- • **perfodere:** durchbohren • **ambulāre:** gehen • **mel**, mellis *n.*: Honig • **Hymēttus:** *Gebirgszug östlich von Athen, berühmt für seinen Honig* **(15) peragrāre:** durchziehen • complecti *32; moliri *15

(19) magnificēns, ntis: prächtig, bedeutend • **Torquātus:** *der am Dialog beteiligte Epikureer* • innumerabilis *23; infinitus *24 • **coniectūra:** Ahnung, Deutung • **dīvinātiō:** Weissagung • **moderātor:** mäßigende Instanz • **pudor:** Schamgefühl • **cūstōdia:** Wache • **perpetī:** erdulden **(24) stabilis:** unerschütterlich • **contemptiō:** Verachtung • membrum *7 • **cōnsīderāre:** betrachten • **minister:** Diener • **praepōnere:** vorziehen **(29) vēlōcitās:** Schnelligkeit, Gewandtheit • quodsi *70 • **optābilis:** wünschenswert • **intervallum:** Unterbrechung • **intericere:** dazwischenstellen, einschieben • **dulcēdō**, inis *f.*: Süße, Wonne • **perfūsus:** durchströmt

15 Die stoische Auffassung von den Pflichten

(De finibus 3, 36 · 39 · 58–59 · 75–76)

Das zweite Gespräch in Ciceros moralphilosophischer Schrift ist ein Dialog ausschließlich zwischen Cicero und dem jüngeren Cato, der wohl am konsequentesten den republikanischen Gedanken, aber auch einen rigorosen Stoizismus römischer Prägung verkörperte. Er entwickelt im 3. Buch die ethischen Anschauungen der STOA; besonders aufschlußreich erscheinen uns daraus seine Darlegungen zur Pflichtenlehre, haben doch die Stoiker den Pflichtbegriff in die Philosophie eingeführt.

Omne autem, quod honestum sit, id esse propter se expetendum commune nobis est cum multorum aliorum philosophorum sententiis. Praeter enim tres disciplinas, quae virtutem a summo bono excludunt, ceteris omnibus philosophis haec est tuenda sententia, maxime tamen his, qui nihil aliud in bonorum numero nisi honestum esse voluerunt. [...]

Constituto autem illo, de quo ante diximus, quod honestum esset, id esse solum bonum, intellegi necesse est pluris id, quod honestum sit, aestimandum esse quam illa media, quae ex eo comparentur. Stultitiam autem et timiditatem et iniustitiam et intemperantiam cum dicimus esse fugiendas propter eas res, quae ex iis veniant, non ita dicimus, ut cum illo, quod positum est solum id esse malum, quod turpe sit, haec pugnare videatur oratio, propterea quod ea non ad corporis incommodum referuntur, sed ad turpes actiones, quae oriuntur e vitiis. [...]

Sed cum, quod honestum sit, id solum bonum esse dicamus, consentaneum tamen est fungi officio, cum id officium nec in bonis ponamus nec in malis. Est enim aliquid in his rebus probabile, et quidem ita, ut eius ratio reddi possit, ergo ut etiam probabiliter acti ratio reddi possit. Est autem officium, quod ita factum est, ut eius facti probabilis ratio reddi possit.

Ex quo intellegitur officium medium quiddam esse, quod neque in bonis ponatur neque in contrariis. Quoniamque in iis rebus, quae neque in virtutibus sunt neque in vitiis, est tamen quiddam, quod usui possit esse, tollendum id non est. Est autem eius generis actio quoque quaedam, et

Text 15

honestum: das Sittlichgute, die Tugend – *der Begriff entspricht bei Cicero weithin dem griechischen 'kalón' (das Schöne), das neben der ästhetischen Komponente auch die gesellschaftliche ('was Anerkennung verdient') einschließt;* honestum *stellt für den Stoiker das einzige echte Gut dar, allerdings nicht aufgrund irgendeines Nutzens (etwa der Wertschätzung), den es verschafft, sondern aufgrund seines ihm eigenen Wesens* • **exclūdere:** ausschließen **(8) media:** Mitteldinge, *die weder gut noch schlecht sind, sondern wertneutral* • **stultitia:** Torheit • **timiditās:** Furchtsamkeit • **iniūstitia:** Ungerechtigkeit • **intemperantia:** Maßlosigkeit • **incommodum:** Nachteil, Unannehmlichkeit • referre *37 **(14) cōnsentāneus:** vereinbar, folgerichtig • **probābilis:** anerkennenswert • **āctum** = actio **(23) tollere** *(hier)*: ver-

quidem talis, ut ratio postulet agere aliquid et facere eorum. Est igitur officium eius generis, quod nec in bonis ponatur nec in contrariis.

Atque perspicuum etiam illud est: in istis rebus mediis aliquid agere sapientem. Iudicat igitur, cum agit, officium illud esse. Quod quoniam numquam fallitur in iudicando, erit in mediis rebus officium. Quod efficitur hac etiam conclusione rationis: quoniam enim videmus esse quiddam, quod recte factum appellemus, id autem est perfectum officium, erit etiam inchoatum, ut, si iuste depositum reddere in recte factis sit, in officiis ponatur depositum reddere; illo enim addito „iuste" fit recte factum, per se autem hoc ipsum reddere in officio ponitur.

Quoniamque non dubium est, quin in iis, quae media dicimus, sit aliud sumendum, aliud reiciendum, quidquid ita fit aut dicitur, omne officio continetur. Ex quo intellegitur, quoniam se ipsi omnes natura diligant, tam insipientem quam sapientem sumpturum, quae secundum naturam sint, reiecturumque contraria. Ita est quoddam commune officium sapientis et insipientis, ex quo efficitur versari in iis, quae media dicamus.

[...]

Quam gravis vero, quam magnifica, quam constans conficitur persona sapientis! Qui, cum ratio docuerit, quod honestum esset, id esse solum bonum, semper sit necesse est beatus vereque omnia ista nomina possideat, quae irrideri ab imperitis solent.

Rectius enim appellabitur rex quam Tarquinius, qui nec se nec suos regere potuit, rectius magister populi – is enim est dictator – quam Sulla, qui trium pestiferorum vitiorum, luxuriae, avaritiae, crudelitatis, magister fuit, rectius dives quam Crassus, qui, nisi eguisset, numquam Euphraten nulla belli causa transire voluisset.

Recte eius omnia dicentur, qui scit uti solus omnibus, recte etiam pulcher appellabitur – animi enim liniamenta sunt pulchriora quam

---

werfen • perspicuus *39 **(29) conclūsiō ratiōnis:** Schluß • inchoare *13 • **dēpositum:** anvertrautes Gut • quin *71 **(35) rēicere:** verwerfen • **īnsipiēns,** ntis: der Tor *(das Gegenbild zur Leitfigur der stoischen Lehre, dem* sapiens*)* • **secundum nātūram:** naturgemäß *(bedeutet für den Stoiker: wie seine vernünftige Natur als die Konkretisierung der allgemeinen Weltvernunft es von ihm fordert)*

(41) persōna: Gestalt, Rolle, Persönlichkeit • **irrīdēre:** auslachen, verspotten • **imperītus:** *Anspielung auf die Peripatetiker, nach deren Lehre die äußeren Güter zur Vollendung der Glückseligkeit nicht unwesentlich beitragen* **(45) Tarquinius** Superbus: *der letzte römische König, sprichwörtlich durch seine Unbeherrschtheit* • **magister populī:** 'Meister des Volkes' • **Sulla:** *Diktator 82–79, bekannt für seine Skrupellosigkeit* • **pestifer:** verderblich, unheilvoll • **luxuria:** Ausschweifung • **crūdēlitās:** Grausamkeit • magister *64 • **Crassus:** *der Triumvir, der 53 bei einem eigenmächtig unternommenen Feldzug gegen die Parther ums Leben kam* • **Euphrātēs,** is *(Akk.* -en*)*: Euphrat *(der größte Strom Vorderasiens, der mit dem Tigris Mesopotamien bildet)* **(50) eius omnia** *sc.* esse **dicentur** • **līniāmenta,** ōrum: Umrisse, Konturen •

corporis –, recte solus liber nec dominationi cuiusquam parens nec oboediens cupiditati, recte invictus, cuius etiamsi corpus constringatur, animo tamen vincula inici nulla possint.

Nec exspectet ullum tempus aetatis, uti tum denique iudicetur, beatusne fuerit, cum extremum vitae diem morte confecerit, quod ille unus e septem sapientibus non sapienter Croesum monuit; nam si beatus umquam fuisset, beatam vitam usque ad illum a Cyro exstructum rogum pertulisset.

Quodsi ita est, ut neque quisquam nisi bonus vir et omnes boni beati sint, quid philosophia magis colendum aut quid est virtute divinius?

16 Sittlichkeit als Lebensziel der Peripatetiker

(De finibus bonorum et malorum 5,65–71)

Während wir uns bei den Stoikern für die Pflichtenlehre entschieden haben, wählen wir für die Diskussion der Ethik des Peripatos einen Abschnitt aus, der sich zwar auch mit den Pflichten befaßt, sich aber zugleich – was auch zum nächsten Kapitel überleitet – mit der Einbindung des Menschen in die Gemeinschaft auseinandersetzt. Das Gespräch spielt in der Akademie in Athen, der Redner in unserem Abschnitt ist M. Pupius Piso, der die Anschauungen der Nachfolgeschulen Platons und Aristoteles' vertritt. Am Ende seiner Darlegungen steht ein Lobpreis der wichtigsten *virtutes* bzw. – von ihrem Wechselbezug zueinander ausgehend – der *virtus* im eigentlichen Sinn.

In omni autem honesto, de quo loquimur, nihil est tam illustre nec quod latius pateat quam coniunctio inter homines hominum et quasi quaedam societas et communicatio utilitatum et ipsa caritas generis humani. Quae nata a primo satu, quod a procreatoribus nati diliguntur et tota domus coniugio et stirpe coniungitur, serpit sensim foras, cognationibus primum, tum affinitatibus, deinde amicitiis, post vicinitatibus, tum civibus

---

oboedīre: gehorchen • **invictus:** unbesiegt, unbesiegbar • **Sb cuius etiamsī:** cuius animō ... possint, etiamsī corpus eius cōnstringātur • **cōnstringere:** fesseln • **vincula inicere:** Fesseln anlegen **(56) ūnus ē septem sapientibus:** *Solon, der athenische Staatsmann und Gesetzgeber, einer der 'Sieben Weisen', von dem überliefert ist, daß er* **Croesus**, *dem überaus reichen König von Lydien, das Prädikat glücklich versagt habe, da niemand vor seinem Tode glücklich genannt werden könne* • **Cȳrus:** *der Perserkönig, der* Croesus *besiegte und zum Tod auf dem* **rogus:** Scheiterhaufen *verurteilte*

Text 16

latius patere *19; coniunctio *62 • **commūnicātiō ūtilitātum:** Vereinbarung zu gegenseitigem Nutzen • caritas *48 • **ā prīmō satū:** schon bei der Zeugung • **prōcreātor:** Erzeuger **(5) coniugium:** Ehe • **stirps,** pis *f.*: Nachkommenschaft • **serpit sēnsim forās:** „verbreitet sich allmählich auch außerhalb des Hauses" • **cognātiō:** Blutsverwandtschaft • **affīnitās:** Verwandtschaft

et iis, qui publice socii atque amici sunt, deinde totius complexu gentis humanae.

Quae animi affectio suum cuique tribuens atque hanc, quam dico, societatem coniunctionis humanae munifice et aeque tuens iustitia dicitur, cui sunt adiunctae pietas, bonitas, liberalitas, benignitas, comitas quaeque sunt generis eiusdem. Atque haec ita iustitiae propria sunt, ut sint virtutum reliquarum communia.

Nam cum sic hominis natura generata sit, ut habeat quiddam ingenitum quasi civile atque populare – quod Graeci πολιτικόν vocant –, quidquid aget quaeque virtus, id a communitate et ea, quam exposui, caritate ac societate humana non abhorrebit, vicissimque iustitia, ut ipsa se fundet in ceteras virtutes, sic illas expetet. Servari enim iustitia nisi a forti viro, nisi a sapiente non potest.

Qualis est igitur omnis haec, quam dico, conspiratio consensusque virtutum, tale est illud ipsum honestum, quandoquidem honestum aut ipsa virtus est aut res gesta virtute; quibus rebus vita consentiens virtutibusque respondens recta et honesta et constans et naturae congruens existimari potest.

Atque haec coniunctio confusioque virtutum tamen a philosophis ratione quadam distinguitur. Nam cum ita copulatae conexaeque sint, ut omnes omnium participes sint nec alia ab alia possit separari, tamen proprium suum cuiusque munus est, ut fortitudo in laboribus periculisque cernatur, temperantia in praetermittendis voluptatibus, prudentia in dilectu bonorum et malorum, iustitia in suo cuique tribuendo.

Quando igitur inest in omni virtute cura quaedam quasi foras spectans aliosque appetens atque complectens, exsistit illud, ut amici, ut fratres, ut propinqui, ut affines, ut cives, ut omnes denique – quoniam unam societatem hominum esse volumus – propter se expetendi sint. Atque eorum nihil est eius generis, ut sit in fine atque extremo bonorum.

→

durch Verschwägerung • **vīcīnitās**: Nachbarschaft • **complexus**, ūs: Umfassen • **animī affectiō**: Gesinnung **(10) mūnificus**: freigebig • **bonitās**: Güte • liberalitas *49 • **benīgnitās**: Wohlwollen • **cōmitās**: Freundlichkeit, Höflichkeit • generare *11 **(14) ingenitus**: angeboren • popularis *59 • πολιτικόν ('politikón'): *griech. Adj. zu ‚polis'*: Stadt, Bürgergemeinschaft • **quidquid aget quaeque virtus**: *Subjektsatz (zum Hauptsatz); durch* **id** *wiederaufgegriffen* • **commūnitās**: Gemeinschaftsgeist • abhorrere *57 • **vicissim** *(Adv.)*: gegenseitig • expetere *54 **(20) cōnspīrātiō**: Einmütigkeit, Einklang • **cōnsēnsus**, ūs: Übereinstimmung • **quandōquidem** *(Konjunktion)*: da nun einmal, da ja • **cōnsentīre**: übereinstimmen • congruere *45 **(25)** coniunctio *62 • **cōnfūsiō**: Vereinigung, Verschmelzung • distinguere *34 • **cōpulātae cōnexaeque** *(‚Hendiadyoin')*: aufs engste verbunden • **particeps**, cipis: beteiligt • **sēparāre**: trennen • temperantia *50 **(30) dīlēctus**, ūs: Auswahl • **forās** *(Adv.)*: nach außen • complecti *32 • **affinis**: verschwägert, anverwandt

Ita fit, ut duo genera propter se expetendorum reperiantur, unum, quod est in iis, in quibus completur illud extremum, quae sunt aut animi aut corporis; haec autem, quae sunt extrinsecus, id est quae neque in animo insunt neque in corpore, ut amici, ut parentes, ut liberi, ut propinqui, ut ipsa patria; sunt illa quidem sua sponte cara, sed eodem in genere, quo illa, non sunt. Nec vero umquam summum bonum assequi quisquam posset, si omnia illa, quae sunt extra, quamquam expetenda, summo bono continerentur.

Quo modo igitur, inquies, verum esse poterit omnia referri ad summum bonum, si amicitiae, si propinquitates, si reliqua externa summo bono non continentur? Hac videlicet ratione, quod ea, quae externa sunt, iis tuemur officiis, quae oriuntur a suo cuiusque genere virtutis. Nam et amici cultus et parentis ei, qui officio fungitur, in eo ipso prodest, quod ita fungi officio in recte factis est, quae sunt orta a virtutibus.

Quae quidem sapientes sequuntur duce natura tamquam videntes; non perfecti autem homines et tamen ingeniis excellentibus praediti excitantur saepe gloria, quae habet speciem honestatis et similitudinem. Quodsi ipsam honestatem undique perfectam atque absolutam, rem unam praeclarissimam omnium maximeque laudandam, penitus viderent, quonam gaudio complerentur, cum tantopere eius adumbrata opinione laetentur?

Quem enim deditum voluptatibus, quem cupiditatum incendiis inflammatum in iis potiendis, quae acerrime concupivisset, tanta laetitia perfundi arbitramur quanta aut superiorem Africanum Hannibale victo aut posteriorem Carthagine eversa? Quem Tiberina descensio festo illo die tanto gaudio affecit quanto L. Paulum, cum regem Persen captum adduceret, eodem flumine invectio?

Age nunc, Luci noster, exstrue animo altitudinem excellentiamque virtutum: iam non dubitabis, quin earum compotes homines magno animo erectoque viventes semper sint beati, qui omnes motus fortunae mutationesque rerum et temporum leves et imbecillos fore intellegant, si in virtutis certamen venerint. Illa enim, quae sunt a nobis bona corporis numerata, complent ea quidem beatissimam vitam, sed ita, ut sine illis possit beata vita exsistere. Ita enim parvae et exiguae sunt istae accessiones bonorum, ut, quem ad modum stellae in radiis solis, sic istae in virtutum splendore ne cernantur quidem.

---

(38) extrīnsecus *(Adv.)*: von außen kommend, außen
referre *37 **(45) propinquitās**: Verwandtschaft • externus *22 • **vidēlicet** *(Adv.)*: natürlich, offenbar • **cultus, ūs**: Pflege, Fürsorge **(51)** excellens *63 • **praeditus**: begabt, ausgestattet • **honestās**: Sittlichkeit • **similitūdō**: Ähnlichkeit • quodsi *70 • **absolūtus**: vollkommen • **penitus** *(Adv.)*: gründlich, ganz und gar • quinam *68 **(55) tantopere** *(Adv.)*: so sehr • **adumbrāta opīniō**: vage Vorstellung

V. Rechts- und Staatsphilosophie

In engem Zusammenhang mit der sozialen Tugend der Gerechtigkeit sowie der ethischen Pflichtenlehre erscheint die Rechtsphilosophie. Das Recht ist in erster Linie ein Ordnungsfaktor, der die menschlichen Lebensverhältnisse so regelt, daß „jedem das Seine“ (Kurzdefinition der Gerechtigkeit) zukommt. Die Rechts- und Staatsphilosophie fragt nun insbesondere nach den Prinzipien, die, wenn nicht eine absolute, so doch wenigstens eine relative Gültigkeit der hierzu erforderlichen Normen versprechen.

Ausgangspunkt hierfür ist einmal die Naturrechtslehre, die das positive (von Menschen ‚gesetzte‘) Recht dadurch legitimiert, daß sie es auf höherrangige Rechtsquellen zurückführt (Gott, Natur, Weltvernunft), zum anderen eine Staatstheorie, die Ursprung und Wesen des Staates nicht nur aus historischen Gegebenheiten ableitet, sondern als mit Notwendigkeit aus dem Trieb und der Veranlagung der menschlichen Natur heraus entstehend erweist. Bereits Platon erklärt die Entstehung der Staaten aus den vielfältigen natürlichen Bedürfnissen des Menschen, bei Aristoteles findet sich dann die klassische Definition des Menschen als *zôon politikón*, als staatsbildendes, als auf ein Leben in der Gemeinschaft angelegtes Wesen. Das heißt, daß der einzelne Mensch sich erst als Glied einer Polis verwirklicht, erst in ihr die seiner Natur gemäße Vollendung *(télos)* erreicht. Diese Synthese von Individuum und Gemeinschaft, Rechten und Pflichten, in der der eine Pol jeweils den anderen voraussetzt und bedingt, wird von den Stoikern aufgegriffen und weiterentwickelt über den Kreis der kleinen Gemeinschaften und des traditionellen Staates hinaus zum Gedanken des Weltbürgertums (wie ihn schon die Kyniker vorlebten).

Daß solche Vorstellungen gerade in Rom, das sich durch sein Imperium zum Herrn der Welt aufschwingt, auf fruchtbaren Boden fallen, bedarf wohl kaum einer Begründung. Auch die stoische Pflichtenlehre zeigt eine Reihe von Affinitäten zum altrömischen Denken: Im stoischen Weisen vereinigen sich die altrömischen Ideale rigoroser Pflichtauffassung und uneigennütziger Charakterstärke *(virtus)*. Das Gebiet der Rechts- und Staatsphilosophie ist also ein genuin römischer Bereich.

• **īnflammāre**: entbrennen • **concupīscere**, ō, cupīvī, cupītum: heiß ersehnen • **perfundere**: durchströmen • **Africānus superior**: *der ältere Scipio, Sieger bei Zama über Hannibal;* **Africānus posterior**: *der jüngere Scipio, der 146 Karthago zerstörte* • **ēvertere**, ō, vertī, versum: zerstören • **Tiberīna dēscēnsiō**: *jährliche Fahrt junger Leute tiberabwärts anläßlich des Fests der Fors Fortuna* **(60) L. Paulus**: *der Sieger über Perseus von Makedonien 168 bei Pydna* • **invectiō**: Fahrt flußaufwärts • **Lūcius**: *der Angeredete ist ein Vetter Ciceros, Teilnehmer am dritten Gespräch von ‚De finibus'* • **exstruere**: errichten • **excellentia**: Vortrefflichkeit • quin *71 • **compos**, otis + *Gen.*: verfügend über, im Besitz von **(65) mūtātiō**: Wechsel • imbecillus *21 • **numerāre**: aufzählen • **accessiō**: Zugabe • **stēlla**: Stern • **radius**: Strahl • **splendor**: Glanz.

17 Die soziale Anlage des Menschen

(De finibus bonorum et malorum 3,62–66)

Das Verhältnis des einzelnen zur Gesellschaft ist im allgemeinen anthropologisch begründet, seine Abhängigkeit von ihr aber läßt sich durchaus unterschiedlich beurteilen. In Ciceros Schrift zur Ethik sucht Cato (vgl. die Einleitung zu Text 15) mit der Argumentation der STOA den Sozialtrieb als Naturtrieb zu erweisen.

Pertinere autem ad rem arbitrantur intellegi natura fieri, ut liberi a parentibus amentur. A quo initio profectam communem humani generis societatem persequimur. Quod primum intellegi debet figura membrisque corporum, quae ipsa declarant procreandi a natura habitam esse rationem. Neque vero haec inter se congruere possent, ut natura et procreari vellet et diligi procreatos non curaret. Atque etiam in bestiis vis naturae perspici potest; quarum in fetu et in educatione laborem cum cernimus, naturae ipsius vocem videmur audire.

Quare ut perspicuum est natura nos a dolore abhorrere, sic apparet a natura ipsa, ut eos, quos genuerimus, amemus, impelli. Ex hoc nascitur, ut etiam communis hominum inter homines naturalis sit commendatio, ut oporteat hominem ab homine ob id ipsum, quod homo sit, non alienum videri. [...] Itaque natura sumus apti ad coetus, concilia, civitates.

Mundum autem censent regi numine deorum eumque esse quasi communem urbem et civitatem hominum et deorum et unum quemque nostrum eius mundi esse partem; ex quo illud natura consequi, ut communem utilitatem nostrae anteponamus. Ut enim leges omnium salutem singulorum saluti anteponunt, sic vir bonus et sapiens et legibus parens et civilis officii non ignarus utilitati omnium plus quam unius alicuius aut suae consulit. Nec magis est vituperandus proditor patriae quam communis utilitatis aut salutis desertor propter suam utilitatem aut salutem.

Ex quo fit, ut laudandus is sit, qui mortem oppetat pro re publica, quod deceat cariorem nobis esse patriam quam nosmet ipsos. Quoniamque illa vox inhumana et scelerata ducitur eorum, qui negant se recusare, quominus ipsis mortuis terrarum omnium deflagratio consequatur (quod vulgari quodam versu Graeco pronuntiari solet), certe verum est etiam iis, qui aliquando futuri sint, esse propter ipsos consulendum.

Text 17

pertinēre ad rem: von ausschlaggebender Bedeutung sein • **arbitrantur:** *gemeint sind die Stoiker* • figura *6; procreare *12; congruere *45; bestia *8 • **fētus, ūs**: Gebären • **ēducātiō**: Aufzucht • perspicuus *39; abhorrēre *57; gignere *10 **(9/10) Sb appāret** *sc.* nos **impellī** • naturalis *4 • **commendātiō**: Anempfehlung, Vermächtnis • mundus *1; utilitas *65; anteponere *54 **(20)** vituperare *56 • **prōditor**: Verräter • **dēsertor**: derjenige, der preisgibt, vernachlässigt • **oppetere**: entgegengehen, erleiden • **decet**: es ziemt sich, es gehört sich • nosmet *67 • **illa vōx**: die bekannte Äußerung • **inhūmānus**: unmenschlich • **scelerātus**: verbrecherisch • **recūsāre, quōminus ...**: etwas dagegen haben, daß ... **(25) dēflagrātiō**: völlige Vernichtung durch Feuer • **vulgāris**: bekannt • **prōnūntiāre**: erklären

Ex hac animorum affectione testamenta commendationesque morientium natae sunt. Quodque nemo in summa solitudine vitam agere velit ne cum infinita quidem voluptatum abundantia, facile intellegitur nos ad coniunctionem congregationemque hominum et ad naturalem communitatem esse natos. Impellimur autem natura, ut prodesse velimus quam plurimis in primisque docendo rationibusque prudentiae tradendis. Itaque non facile est invenire, qui, quod sciat, ipse non tradat alteri; ita non solum ad discendum propensi sumus, verum etiam ad docendum.

Atque ut tauris natura datum est, ut pro vitulis contra leones summa vi impetuque contendant, sic ii, qui valent opibus atque id facere possunt, ut de Hercule et de Libero accepimus, ad servandum genus hominum natura incitantur. Atque etiam Iovem cum Optimum et Maximum dicimus cumque eundem Salutarem, Hospitalem, Statorem, hoc intellegi volumus salutem hominum in eius esse tutela. Minime autem convenit, cum ipsi inter nos viles neglectique simus, postulare, ut diis immortalibus cari simus et ab iis diligamur. Quem ad modum igitur membris utimur prius, quam didicimus, cuius ea causa utilitatis habeamus, sic inter nos natura ad civilem communitatem coniuncti et consociati sumus. Quod ni ita se haberet, nec iustitiae ullus esset nec bonitati locus.

Die Entstehung des Rechtsstaats **18**

(Pro Sestio 91–92)

In einer Verteidigungsrede, die er in den Bürgerkriegswirren des Jahres 56 hielt (als Anwalt des P. Sestius, der sich als Volkstribun der Gewalt der Terrorbanden entgegengestellt hat, mit denen Clodius den popularen Interessen zum Sieg verhelfen wollte), skizziert Cicero Notwendigkeit und Entstehung eines freiheitlichen Rechtsstaats.

Quis enim nostrum, iudices, ignorat ita naturam rerum tulisse, ut quodam tempore homines nondum neque naturali neque civili iure descripto fusi per agros ac dispersi vagarentur tantumque haberent, quantum manu ac viribus per caedem ac vulnera aut eripere aut retinere potuissent?

---

animōrum affectiō: innere Einstellung, Gesinnung • **testāmentum:** Testament • **commendātiō:** Empfehlung • **sōlitūdō:** Einsamkeit • infinitus *24 **(30) abundantia:** Überfluß, Fülle • coniunctio *62 • **congregātiō:** Geselligkeit • **commūnitās:** Gemeinschaft **(35) prōpēnsus:** geneigt, willig • **taurus:** Stier • **vitulus:** Kalb • **leō, ōnis** *m.*: Löwe • **Līber:** *altrömischer Fruchtbarkeitsgott, später mit Bacchus gleichgesetzt* **(40) salūtāris,** is: Heilbringer • **hospitālis,** is: Beschützer der Gastfreundschaft • **stator:** Erhalter, *der die (zurückweichenden) Truppen zum Stehen bringt* • **tūtēla:** Schutz • minime *75 • **vīlis:** wertlos, unbedeutend, verächtlich **(44) Sb: cuius ea causa ...:** cuius ūtilitātis causā ea habeāmus • **consociāre:** vereinigen • **nī** = nisi • **bonitās:** Güte, sittliches Verhalten

Text 18

nātūra rērum: der Weltenlauf • **ita ferre ut:** es mit sich bringen, daß • **dēscrībere:** niederschreiben, vorschreiben • **dispersus:** verstreut • **vagārī:** unstet umherziehen

Qui igitur primi virtute et consilio praestanti exstiterunt, ii perspecto genere humanae docilitatis atque ingeni dissipatos unum in locum congregarunt eosque ex feritate illa ad iustitiam atque ad mansuetudinem transduxerunt. Tum res ad communem utilitatem, quas publicas appellamus, tum conventicula hominum, quae postea civitates nominatae sunt, tum domicilia coniuncta, quas urbes dicimus, invento et divino iure et humano moenibus saepserunt.

Atque inter hanc vitam perpolitam humanitate et illam immanem nihil tam interest quam ius atque vis. Horum utro uti nolumus, altero est utendum. Vim volumus exstingui: ius valeat necesse est, id est iudicia, quibus omne ius continetur; iudicia displicent aut nulla sunt: vis dominetur necesse est.

19 Die Grundlagen des Rechts

(De legibus 1, 18–19 · 2,8 · 11–13)

In der Frage nach den Grundlagen von Recht und Gesetzgebung entwickelt schon Cicero – vor den Juristen der Kaiserzeit, die uns eine eindrucksvolle Rechtsdiskussion hinterlassen haben – eine grundlegende Naturrechtskonzeption. Er folgt in dem (postum veröffentlichten, aber schon Ende der 50er Jahre abgefaßten) Dialog über die Gesetze dem Denken der Stoa. Die Diskussion beginnt sowohl im 1. wie auch im 2. Buch mit der Frage nach dem Wesen des Gesetzes.

Nunc iuris principia videamus: Igitur doctissimis viris proficisci placuit a lege, haud scio an recte, si modo – ut idem definiunt – lex est ratio summa, insita in natura, quae iubet ea, quae facienda sunt, prohibetque contraria. Eadem ratio cum est in hominis mente confirmata et perfecta, lex est.

Itaque arbitrantur prudentiam esse legem, cuius ea vis sit, ut recte facere iubeat, vetet delinquere, eamque rem illi Graeco putant nomine a suum cuique tribuendo appellatam, ego nostro a legendo. Nam ut illi

---

(7) docilitās: Gelehrigkeit • **dissipāre:** zerstreuen • **congregāre:** versammeln, vereinigen • **feritās:** Wildheit, Roheit • **mānsuētūdō:** Zahmheit, zivilisiertes Verhalten • **conventicula,** ōrum: die ersten Anfänge von Vereinigungen **(10) domicilium:** Wohnstätte • **saepīre,** iō, saepsī, saeptum: umzäunen, umgeben, schützen; **saepsērunt** *sc.* quī prīmī … exstitērunt *(s. o.)* • **perpolītus:** verfeinert • **immānis** *(hier)*: roh, wild • **nihil tam interest quam iūs et vīs:** machen iūs und vīs den ganzen Unterschied aus • **displicēre:** mißfallen.

Text 19

definire *35 • **īnsitus:** angeboren, eingewurzelt **(6) dēlinquere:** sich vergehen • **nostrō** *sc.* Latīnō nōmine • **legendō:** *die griechische Bezeichnung für Gesetz, 'Nómos', geht auf ein entsprechendes Verb mit der Bedeutung 'austeilen' zurück; die lateinische Etymologie* (legere) *ist zwar eindeutig, im Gegensatz zu Cicero sieht Varro aber nicht die Parallele zum Griechischen in der Bedeutung 'auslesen', sondern führt* 'lex' *auf die Bedeutung 'lesen' (Ge-*

aequitatis, sic nos delectus vim in lege ponimus, et proprium tamen utrumque legis est. Quod si ita recte dicitur, ut mihi quidem plerumque videri solet, a lege ducendum est iuris exordium. Ea est enim naturae vis, ea mens ratioque prudentis, ea iuris atque iniuriae regula.

Sed quoniam in populari ratione omnis nostra versatur oratio, populariter interdum loqui necesse erit et appellare eam legem, quae scripta sancit, quod vult, aut iubendo aut vetando, ut vulgus appellat. Constituendi vero iuris ab illa summa lege capiamus exordium, quae saeculis omnibus ante nata est quam scripta lex ulla aut quam omnino civitas constituta. [...]

Hanc igitur video sapientissimorum fuisse sententiam: legem neque hominum ingeniis excogitatam nec scitum aliquod esse populorum, sed aeternum quiddam, quod universum mundum regeret imperandi prohibendique sapientia. Ita principem legem illam et ultimam mentem esse dicebant omnia ratione aut cogentis aut vetantis dei. Ex qua illa lex, quam di humano generi dederunt, recte est laudata: est enim ratio mensque sapientis ad iubendum et ad deterrendum idonea. [...]

Quae sunt autem varie et ad tempus descriptae populis, favore magis quam re legum nomen tenent. Omnem enim legem – quae quidem recte lex appellari possit – esse laudabilem quidam talibus argumentis docent. Constat profecto ad salutem civium civitatumque incolumitatem vitamque hominum quietam et beatam inventas esse leges eosque, qui primum eiusmodi scita sanxerint, populis ostendisse ea se scripturos atque laturos, quibus illi adscitis susceptisque honeste beateque viverent quaeque ita composita sanctaque essent, eas leges videlicet nominarent.

Ex quo intellegi par est eos, qui perniciosa et iniusta populis iussa descripserint, cum contra fecerint, quam polliciti professique sint, quidvis potius tulisse quam leges, ut perspicuum esse possit in ipso nomine legis interpretando inesse vim et sententiam iusti et iuris legendi. [...]

Ergo est lex iustorum iniustorumque distinctio, ad illam antiquissimam et rerum omnium principem expressa naturam, ad quam leges hominum diriguntur, quae supplicio improbos adficiunt, defendunt ac tuentur bonos.

---

setzgebungsvorgang) zurück • **aequitās:** Gleichheit • **dēlēctus,** ūs: Auswahl **(10) exōrdium:** Ursprung • **prūdēns,** ntis: klug • **rēgula:** Richtschnur • popularis *59 • **sancīre:** bekräftigen, anordnen **(19) excōgitāre:** ausdenken • scitum *60; mundus *1 • **dēterrēre:** abschrecken, verbieten **(25) dēscrībere:** niederschreiben • **favor:** Beifall • laudabilis *55 • **quīdam** (docent): gewisse Leute • **argūmentum:** Beweis • **incolumitās:** Wohlbefinden **(31) adscīscere,** ō, scīvī, scītum: aufnehmen, anerkennen • **vidēlicet** *(Adv.)*: natürlich, offenbar • **pār est:** es ist angemessen, richtig • **perniciōsus:** verderblich • **iniūstus:** ungerecht • **profitērī:** gestehen, bekennen • **quīvīs,** quaevīs, quidvīs: jeder beliebige • perspicuus *39 **(36) interpretārī:** erklären • **distīnctiō:** Unterscheidung • exprimere *33

20 Die Relativität des positiven Rechts
(De legibus 1, 40–44)

Die Konsequenzen, die sich aus einer rein positivistischen – d. h. nur am jeweils Gegebenen orientierten – Auffassung des Rechts ergeben, ohne ethische Rückbindung etwa an die innere Werthaftigkeit naturrechtlicher Grundlagen, verdeutlicht Cicero in einer längeren Passage seines Dialogs über die Gesetze. Staatliche Gesetzgebung und Rechtsprechung werden dabei in ihrer Bedingtheit vorgeführt.

At vero scelerum in homines atque in deos impietatum nulla expiatio est. Itaque poenas luunt, non tam iudiciis – quae quondam nusquam erant, hodie multifariam nulla sunt, ubi sunt tamen, persaepe falsa sunt –, at eos agitant insectanturque Furiae, non ardentibus taedis sicut in fabulis, sed angore conscientiae fraudisque cruciatu.

Quodsi homines ab iniuria poena, non natura arcere deberet, quaenam sollicitudo vexaret impios sublato suppliciorum metu? Quorum tamen nemo tam audax umquam fuit, quin aut abnueret a se commissum esse facinus aut iusti sui doloris causam aliquam fingeret defensionemque facinoris a naturae iure aliquo quaereret. Quae si appellare audent impii, quo tandem studio colentur a bonis! Quodsi poena, si metus supplicii, non ipsa turpitudo deterret ab iniuriosa facinerosaque vita, nemo est iniustus, aut incauti potius habendi sunt improbi.

Tum autem qui non ipso honesto movemur, ut boni viri simus, sed utilitate aliqua atque fructu, callidi sumus, non boni. Nam quid faciet is homo, in tenebris qui nihil timet nisi testem et iudicem? Quid in deserto quo loco nactus, quem multo auro spoliare possit, imbecillum atque solum? Noster quidem hic natura iustus vir ac bonus etiam colloquetur, iuvabit, in viam deducet. Is vero, qui nihil alterius causa faciet et metietur suis commodis omnia, videtis, credo, quid sit acturus! Quodsi negabit se illi vitam erepturum et aurum ablaturum, numquam ob eam causam negabit, quod id natura turpe iudicet, sed quod metuat, ne emanet, id est ne malum habeat. O rem dignam, in qua non modo docti, sed etiam agrestes erubescant!

Text 20

impietās: Pflichtverletzung, Ruchlosigkeit • **expiātiō**: Entsühnung • **poenās luere**: Strafe erleiden • **quondam** *(Adv.)*: einst • **multifāriam** *(Adv.)*: vielerorts • **persaepe** *(Adv.)*: sehr oft • **īnsectārī**: verfolgen • **Furiae**: Furien, Rachegöttinnen • **taeda**: Fackel • **fābula** *(hier)*: Mythos **(5) angor**: Angst • **cōnscientia**: (Schuld-) Bewußtsein, Gewissen • **cruciātus, ūs**: Folter, Marter • quodsi *70; quinam *68 • **sollicitūdō**: Unruhe, Besorgnis • **vexāre**: quälen • quin *71 • **abnuere**: leugnen **(12) dēterrēre**: abschrecken • **iniūriōsus**: gewalttätig • **facinerōsus**: verbrecherisch • **incautus**: unvorsichtig **(15) callidus**: schlau, gerissen, raffiniert • **tenebrae, ārum**: Dunkelheit • **quid in dēsertō ...**: quid *sc.* faciet is, qui ... nactus est *sc.* quem, qui ...; **dēsertus**: einsam, verlassen • **spoliāre**: berauben • imbecillus *21 • **colloquī**: sich unterhalten • **iuvāre**: helfen • **mētīrī**: messen **(20) commodum**: Vorteil, Nut-

Iam vero illud stultissimum: existimare omnia iusta esse, quae scita sint in populorum institutis aut legibus. Etiamne si quae leges sint tyrannorum? Si triginta illi Athenis leges imponere voluissent, etsi omnes Athenienses delectarentur tyrannicis legibus, num idcirco eae leges iustae haberentur? Nihilo credo magis illa, quam interrex noster tulit, ut dictator quem vellet civium vel indicta causa posset occidere.

Est enim unum ius, quo devincta est hominum societas et quod lex constituit una, quae lex est recta ratio imperandi atque prohibendi. Quam qui ignorat, is est iniustus, sive est illa scripta uspiam sive nusquam. Quodsi iustitia est obtemperatio scriptis legibus institutisque populorum et si, ut eidem dicunt, utilitate omnia metienda sunt, negleget leges easque perrumpet, si poterit, is, qui sibi eam rem fructuosam putabit fore. Ita fit, ut nulla sit omnino iustitia, si neque natura est, eaque, quae propter utilitatem constituitur, utilitate alia convellitur.

Atque si natura confirmatura ius non erit, virtutes omnes tollentur. Ubi enim liberalitas, ubi patriae caritas, ubi pietas, ubi aut bene merendi de altero aut referendae gratiae voluntas poterit exsistere? Nam haec nascuntur ex eo, quod natura propensi sumus ad diligendos homines, quod fundamentum iuris est. Neque solum in homines obsequia, sed etiam in deos caerimoniae religionesque tollentur, quas non metu, sed ea coniunctione, quae est homini cum deo, conservandas puto.

Quodsi populorum iussis, si principum decretis, si sententiis iudicum iura constituerentur, ius esset latrocinari, ius adulterare, ius testamenta falsa supponere, si haec suffragiis aut scitis multitudinis probarentur.

Quodsi tanta potestas est stultorum sententiis atque iussis, ut eorum suffragiis rerum natura vertatur: cur non sanciunt, ut, quae mala perniciosaque sunt, habeantur pro bonis et salutaribus? Aut cur, cum ius ex

---

zen • quodsi *70 • **ēmānāre:** herauskommen, bekannt werden • **agrestis:** ländlich, primitiv • **ērubēscere:** erröten (vor Scham)

scitum *60 **(26) tyrannus:** Gewaltherrscher, Tyrann • **triginta illī:** *404/3 hatten die Spartaner in Athen nach dessen Kapitulation im Peloponnesischen Krieg dreißig Oligarchen eingesetzt, deren Schreckensherrschaft sprichwörtlich wurde* • **tyrannicus:** tyrannisch • **idcircō** *(Adv.)*: deshalb • **interrēx:** Zwischenkönig *(ursprünglich der Amtsverweser nach dem Tod eines Königs bis zur Wahl seines Nachfolgers, hier der Senator L. Valerius Flaccus, der 82, nach der Niederlage des Marius, Sulla zum unbeschränkten Diktator ernannte)* **(30) indictā causā** *(Abl. abs.)*: ohne Prozeß • **dēvincīre,** iō, vinxī, vinctum: eng verbinden • **uspiam** *(Adv.)*: irgendwo • nusquam *76 • **obtemperātiō:** Gehorsam **(36) perrumpere:** brechen, zunichte machen • **frūctuōsus:** gewinnbringend • **convellere:** niederreißen, untergraben • liberalitas *49; caritas *48 **(42) prōpēnsus:** geneigt • fundamentum *41 • **obsequium:** Gehorsam, Gefälligkeit • **caerimōnia:** Verehrung, Ehrfurcht • coniunctio *62 **(46) dēcrētum:** Verordnung • **latrōcinārī:** rauben • **adulterāre:** Ehebruch begehen • **testāmentum:** Testament • **suppōnere:** unterschieben • **suffrāgium:** Abstimmung (in der Volksversammlung) **(50) sancīre:** gesetzlich festlegen • **perniciōsus:** verderblich, unheilvoll • **salūtāris:** heilsam, zuträglich •

iniuria lex facere possit, bonum eadem facere non possit ex malo? Atqui nos legem bonam a mala nulla alia nisi naturae norma dividere possumus. Nec solum ius et iniuria natura diiudicatur, sed omnino omnia honesta et turpia. Nam ita communes intellegentias nobis natura effecit easque in animis nostris inchoavit, ut honesta in virtute ponantur, in vitiis turpia.

21 Die Rechtfertigung staatlicher Macht

(De legibus 3, 2–5)

Darlegungen zum konkreten Staats- und Verfassungsrecht der römischen *res publica* machen das 3. Buch von Ciceros rechtsphilosophischer Schrift aus. Wir wählen hier eine kurze Passage vom Anfang aus, in der die Existenz des Staates an die Notwendigkeit obrigkeitlicher Machtausübung gebunden erscheint, wie sie in Rom durch die *magistratus* verkörpert wird.

Videtis igitur magistratus hanc esse vim, ut praesit praescribatque recta et utilia et coniuncta cum legibus. Ut enim magistratibus leges, ita populo praesunt magistratus, vereque dici potest magistratum legem esse loquentem, legem autem mutum magistratum. Nihil porro tam aptum est ad ius condicionemque naturae – quod cum dico, legem a me dici intellegi volo – quam imperium, sine quo nec domus ulla nec civitas nec gens nec hominum universum genus stare nec rerum natura omnis nec ipse mundus potest. Nam et hic deo paret, et huic oboediunt maria terraeque, et hominum vita iussis supremae legis obtemperat.

Atque ut ad haec citeriora veniam et notiora nobis: Omnes antiquae gentes regibus quondam paruerunt. Quod genus imperii primum ad homines iustissimos et sapientissimos deferebatur (idque et in re publica nostra maxime valuit, quoad ei regalis potestas praefuit), deinde etiam deinceps posteris prodebatur, quo in iis, qui etiam nunc regnantur, manet.

Quibus autem regia potestas non placuit, non ii nemini, sed non semper uni parere voluerunt. Nos autem – quoniam leges damus liberis populis, quaeque de optima re publica sentiremus, in sex libris ante diximus – accommodabimus hoc tempore leges ad illum, quem probamus, civitatis statum.

---

norma: Richtschnur, Maßstab • **dīiūdicāre**: unterscheiden • intellegentia *27; inchoare *13

Text 21

praescrībere: vorschreiben, anordnen • **mūtus**: stumm • porro *73; mundus *1 • **oboedīre**: gehorchen • **suprēmus**: der oberste • **obtemperāre**: gehorchen

(10) citerior (ius): diesseitig, näherliegend • **quondam** *(Adv.)*: einst • **quoad** *(Konjunktion)*: solange • **rēgālis**: königlich • deinceps *72 • **rēgnāre**: monarchisch herrschen **(16) lēgēs dāmus**: *Cicero bezieht sich hier auf die Gesprächssituation dieses Texts* • **sex librī**: *gemeint ist Ciceros Schrift über den Staat* • **accommodāre ad**: anpassen, ausrichten an

Magistratibus igitur opus est, sine quorum prudentia ac diligentia esse civitas non potest quorumque discriptione omnis rei publicae moderatio continetur. Neque solum iis praescribendus est imperandi, sed etiam civibus obtemperandi modus. Nam et qui bene imperat, paruerit aliquando necesse est, et qui modeste paret, videtur, qui aliquando imperet, dignus esse.

Itaque oportet et eum, qui paret, sperare se aliquo tempore imperaturum et illum, qui imperat, cogitare brevi tempore sibi esse parendum. Nec vero solum ut obtemperent oboediantque magistratibus, sed etiam ut eos colant diligantque, praescribimus, ut Charondas in suis facit legibus. Noster vero PLATO Titanum e genere esse statuit eos, qui, ut illi caelestibus, sic hi adversentur magistratibus.

Machtstellung und Vorbildfunktion des Senats **22**

(De legibus 3, 27–31)

Wie sehr es Cicero bei seinen rechts- und staatsphilosophischen Ausführungen auf eine ethische Reform der römischen Politik ankommt, nicht auf systematische Rechtsentwicklung und nicht auf theoretisches Philosophieren, erhellt aus einem Abschnitt seines Dialogs über die Gesetze, in dem er das aktuelle römische Staats- und Verfassungsrecht in seinen Auswirkungen auf den Senatorenstand kommentiert. Gesprächsteilnehmer dieser nicht dozierend, sondern dialogisch gehaltenen Passage sind neben Cicero sein Bruder Quintus und sein Freund Atticus.

MARCUS: Ex iis autem, qui magistratum ceperunt, quod senatus efficitur, populare est sane neminem in summum locum nisi per populum venire sublata cooptatione censoria. Sed praesto est huius viti temperatio, quod senatus lege nostra confirmatur auctoritas.
Sequitur enim: „Eius decreta rata sunto!" Nam ita se res habet, ut, si senatus dominus sit publici consilii, quodque is creverit, defendant omnes et si ordines reliqui principis ordinis consilio rem publicam gubernari velint,

(21) discriptio *40 • **moderātiō:** Leitung, Verwaltung • **modestus:** besonnen, loyal **(28) Charōndās:** *archaischer Gesetzgeber in der Magna Graecia (6. Jahrhundert)* • **Titānēs,** um: *von Zeus entthrontes wildes und widersetzliches Göttergeschlecht* • **adversārī:** sich widersetzen

Text 22

Sb: quod senatus autem ex iīs efficitur, quī ... • popularis *59 • **cooptātiō cēnsōria:** Ergänzung des Senats durch die Zensoren *(sie hatten seit 312 dieses Recht, das allerdings durch die fast automatische Zugehörigkeit zum Senat nach Ausübung des Quästorenamts sich in der Praxis nur bei Negativfällen auswirkte)* • **praestō** *(Adv.)*: zur Hand, dienlich • **temperātiō:** rechte Beschaffenheit, Mäßigung, Ausgleich **(6) Sb sī ...:** sī ... cōnsiliī (et sī) dēfendant o., quod is ..., et sī ordinēs ... • **cernere** = decernere • **gubernāre:** steuern, lenken, leiten •

possit ex temperatione iuris, cum potestas in populo, auctoritas in senatu sit, teneri ille moderatus et concors civitatis status, praesertim si proximae legi parebitur; nam proximum est: „Is ordo vitio careto, ceteris specimen esto!"

QUINTUS: Praeclara vero, frater, ista lex, sed et late patet, ut vitio careat ordo, et censorem quaerit interpretem.

ATTICUS: Ille vero etsi tuus est totus ordo gratissimamque memoriam retinet consulatus tui, pace tua dixerim: non modo censores, sed etiam iudices omnes potest defatigare.

MARCUS: Omitte ista, Attice! Non enim de hoc senatu nec his de hominibus, qui nunc sunt, sed de futuris, si qui forte his legibus parere voluerint, haec habetur oratio. Nam cum omni vitio carere lex iubeat, ne veniet quidem in eum ordinem quisquam vitii particeps. Id autem difficile factu est nisi educatione quadam et disciplina; de qua dicemus aliquid fortasse, si quid fuerit loci aut temporis.

ATTICUS: Locus certe non deerit, quoniam tenes ordinem legum; tempus vero largitur longitudo diei. Ego autem, etiam si praeterieris, repetam a te istum de educatione et de disciplina locum.

MARCUS: Tu vero et istum, Attice, et si quem alium praeteriero.

(M.) „Ceteris specimen esto!" Quod si tenemus, tenemus omnia. Ut enim cupiditatibus principum et vitiis infici solet tota civitas, sic emendari et corrigi continentia.

Vir magnus et nobis omnibus amicus L. Lucullus ferebatur, quasi commodissime respondisset, cum esset obiecta magnificentia villae Tusculanae, duo se habere vicinos, superiorem equitem Romanum, inferiorem libertinum: Quorum cum essent magnificae villae, concedi sibi oportere,

---

moderātus: gemäßigt, besonnen • **concors,** rdis: einträchtig, harmonisch • praesertim *74 • **specimen,** inis *n.*: Beweis, Muster, Vorbild

late patere *19 • **interpres,** etis *m.*: Erklärer, Vermittler **(15) pāce tuā:** 'ohne daß du es mir übelnimmst', mit Verlaub • **dēfatīgāre:** völlig ermüden, bis zur völligen Erschöpfung zu schaffen machen **(20) particeps,** cipis: beteiligt, teilnehmend • **ēducātiō:** Erziehung • **tenēs ōrdinem lēgum:** 'es liegt bei dir, in welcher Reihenfolge wir die Gesetze behandeln' • **largīrī:** schenken • **longitūdō:** Länge

īnficere: vergiften, anstecken • **ēmendāre:** (moralisch) bessern • **corrigere:** verbessern, reformieren • **continentia:** Selbstbeherrschung **(30) L.** Licinius **Lūcullus** (117–56): *ungewöhnlich reicher Patrizier, berühmter Feldherr* • **ferebātur** = dicebātur • **māgnificentia:** Pracht • **villa Tusculāna:** Landhaus bei Tusculum *(in den Albaner Bergen, ca. 20 km südöstlich von Rom)* • **vīcīnus:** Nachbar • **superior/īnferior** (ius): oberhalb/unterhalb gelegen • **lībertīnus:** Freigelassener **(36) sīgnum:** Plastik, Skulptur • refertus *17 • **pūblicus, sacer, religiōsus** *bezeichnen die Herkunft der Kunstwerke* • **tenērī** alicuius reī: (einer Schuld) überführt werden, sich einer Sache schuldig machen **(41) imitātor:** Nachahmer • **replicāre:** wieder aufrollen • **mūtātiō:** Veränderung

quod iis, qui inferioris ordinis essent, liceret. Non vides, Luculle, a te id ipsum natum, ut illi cuperent, quibus id, si tu non faceres, non liceret?

Quis enim ferret istos, cum videret eorum villas signis et tabulis refertas, partim publicis, partim etiam sacris et religiosis, quis non frangeret eorum libidines, nisi illi ipsi, qui eas frangere deberent, cupiditatis eiusdem tenerentur? Nec enim tantum mali est peccare principes – quamquam est magnum hoc per se ipsum malum – quantum illud, quod permulti imitatores principum exsistunt. Nam licet videre, si velis replicare memoriam temporum: qualescumque summi civitatis viri fuerint, talem civitatem fuisse; quaecumque mutatio morum in principibus exstiterit, eandem in populo secutam.

Der rechte Staatsmann **23**

(Pro Sestio 96–100 · 136–139 · 143)

Die Methode, den Begriffsbestimmungen die Betrachtung des konkreten Beispiels des römischen Staates folgen zu lassen, ist auch für Ciceros Schrift zur Staatslehre „De re publica" charakteristisch. Wie dort sollen auch in unserer Zusammenstellung philosophischer Texte Ausführungen über den Staatsmann den Abschluß der politischen Sequenz bilden. Sie entstammen wieder der Verteidigungsrede, die C. im Jahr 56, also einige Jahre vor Aufnahme seiner philosophischen Schriftstellerei, hielt (vgl. Text 18).

Duo genera semper in hac civitate fuerunt eorum, qui versari in re publica atque in ea se excellentius gerere studuerunt; quibus ex generibus alteri se populares, alteri optimates et haberi et esse voluerunt. Qui ea, quae faciebant quaeque dicebant, multitudini iucunda volebant esse, populares, qui autem ita se gerebant, ut sua consilia optimo cuique probarent, optimates habebantur.

Quis ergo iste optimus quisque? Numero, si quaeris, innumerabiles, neque enim aliter stare possemus; sunt principes consili publici, sunt, qui eorum sectam sequuntur, sunt maximorum ordinum homines, quibus patet curia, sunt municipales rusticique Romani, sunt negoti gerentes, sunt etiam libertini optimates. Numerus, ut dixi, huius generis late et varie diffusus est.

Sed genus universum, ut tollatur error, brevi circumscribi et definiri potest: Omnes optimates sunt, qui neque nocentes sunt nec natura improbi nec furiosi nec malis domesticis impediti. Esto igitur, ut ii sint,

---

Text 23

sē excellentius gerere: eine hervorragende Rolle spielen • popularis *59; iucundus *53; innumerabilis *23 **(9) secta:** Partei, Richtung • **mūnicipālis,** is: Bewohner von Landstädten • **rūsticus:** Bauer • **lībertīnus:** Freigelassener • **diffundere,** ō, fūdī, fūsum: verbreiten • error *43 • **circumscrībere:** umschreiben • definire *35 **(15) furiōsus:** rasend, fanatisch • **domesticus:** häuslich, privat •

quam tu „nationem" appellasti, qui et integri sunt et sani et bene de rebus domesticis constituti. Horum qui voluntati, commodis, opinionibus in gubernanda re publica serviunt, defensores optimatium ipsique optimates gravissimi et clarissimi cives numerantur et principes civitatis.

Quid est igitur propositum his rei publicae gubernatoribus, quod intueri et quo cursum suum derigere debeant? Id, quod est praestantissimum maximeque optabile omnibus sanis et bonis et beatis: cum dignitate otium. Hoc qui volunt, omnes optimates, qui efficiunt, summi viri et conservatores civitatis putantur; neque enim rerum gerendarum dignitate homines ecferri ita convenit, ut otio non prospiciant, neque ullum amplexari otium, quod abhorreat a dignitate.

Huius autem otiosae dignitatis haec fundamenta sunt, haec membra, quae tuenda principibus et vel capitis periculo defendenda sunt: religiones, auspicia, potestates magistratuum, senatus auctoritas, leges, mos maiorum, iudicia, iuris dictio, fides, provinciae, socii, imperi laus, res militaris, aerarium.

Harum rerum tot atque tantarum esse defensorem et patronum magni animi est, magni ingeni magnaeque constantiae. Etenim in tanto civium numero magna multitudo est eorum, qui aut propter metum poenae – peccatorum suorum conscii – novos motus conversionesque rei publicae quaerant aut qui propter insitum quendam animi furorem discordiis civium ac seditione pascantur aut qui propter implicationem rei familiaris communi incendio malint quam suo deflagrare. Qui cum tutores sunt et duces suorum studiorum vitiorumque nacti, in re publica fluctus excitantur, ut vigilandum sit iis, qui sibi gubernacula patriae depoposcerunt, enitendumque omni scientia ac diligentia, ut conservatis iis, quae ego paulo ante fundamenta ac membra esse dixi, tenere cursum possint et capere oti illum portum et dignitatis.

Hanc ego viam, iudices, si aut asperam atque arduam aut plenam esse periculorum aut insidiarum negem, mentiar, praesertim cum id non modo intellexerim semper, sed etiam praeter ceteros senserim. [...]

nātiō: Sippschaft *(so hatte der Ankläger, P. Albinovanus, Ciceros Gefolgsleute bezeichnet)* • **commodum**: Vorteil, Interesse • **gubernāre**: steuern, lenken, regieren • **dēfēnsor**: Verteidiger **(20) gubernātor**: Steuermann, Lenker • intueri *30 • **dērigere**: leiten, ausrichten • **optābilis**: wünschenswert • **cōnservātor**: Bewahrer, Retter **(25) ecferrī** = efferrī *(hier)*: sich fortreißen, hinreißen lassen • **amplexārī**: umarmen, großen Wert auf etwas legen • abhorrere *57 **ōtiōsus**: müßig, ruhig • fundamentum *41; membrum *7 • **auspicium**: Auspizien, Vogelschau (30) **iūris dictiō**: Rechtsprechung • **aerārium**: Staatsschatz, Finanzwesen • **patrōnus**: Anwalt **(35) peccātum**: Vergehen • **cōnscius**: bewußt • **conversiō**: Umwälzung • **īnsitus**: angeboren • **discordia**: Zwietracht • seditio *61 • **pāscī**: sich weiden, seine Freude haben • **implicātiō**: Verworrenheit • **dēflagrāre**: in Flammen aufgehen • **tūtor**: Beschützer **(40) vigilāre**: wachsam sein • **gubernācu-**

Sed ut extremum habeat aliquid oratio mea et ut ego ante dicendi finem faciam quam vos me tam attente audiendi, concludam illud de optimatibus eorumque principibus ac rei publicae defensoribus vosque, adulescentes et qui nobiles estis, ad maiorum vestrorum imitationem excitabo et – qui ingenio ac virtute nobilitatem potestis consequi – ad eam rationem, in qua multi homines novi et honore et gloria floruerunt, cohortabor.

Haec est una via, mihi credite, et laudis et dignitatis et honoris: a bonis viris sapientibus et bene natura constitutis laudari et diligi; nosse discriptionem civitatis a maioribus nostris sapientissime constitutam: qui cum regum potestatem non tulissent, ita magistratus annuos creaverunt, ut consilium senatus rei publicae praeponerent sempiternum, deligerentur autem in id consilium ab universo populo aditusque in illum summum ordinem omnium civium industriae ac virtuti pateret. Senatum rei publicae custodem, praesidem, propugnatorem collocaverunt; huius ordinis auctoritate uti magistratus et quasi ministros gravissimi consili esse voluerunt; senatum autem ipsum proximorum ordinum splendorem confirmare, plebis libertatem et commoda tueri atque augere voluerunt.

Haec qui pro virili parte defendunt, optimates sunt, cuiuscumque sunt ordinis; qui autem praecipue suis cervicibus tanta munia atque rem publicam sustinent, hi semper habiti sunt optimatium principes, auctores et conservatores civitatis.

Huic hominum generi fateor, ut ante dixi, multos adversarios, inimicos, invidos esse, multa proponi pericula, multas inferri iniurias, magnos esse experiundos et subeundos labores; sed mihi omnis oratio est cum virtute, non cum desidia, cum dignitate, non cum voluptate, cum iis, qui se patriae, qui suis civibus, qui laudi, qui gloriae, non qui somno et conviviis et delectationi natos arbitrantur. Nam si qui voluptatibus ducuntur et se vitiorum illecebris et cupiditatum lenociniis dediderunt, missos faciant honores, ne attingant rem publicam, patiantur virorum fortium labore se otio suo perfrui.

→

---

lum: Steuer(ruder) • **dēposcere**: beanspruchen • **ēnītī**: sich anstrengen **(44) arduus**: steil • mentiri *44; praesertim *74

extrēmum: Ende • **attentus**: aufmerksam • concludere *36 • **dēfēnsor**: Verteidiger **(50) imitātiō**: Nachahmung • **cohortārī ad**: ermuntern, aufrufen zu • discriptio *40 **(57) annuus**: jährlich wechselnd • **praepōnere**: voranstellen • sempiternus *25 **(60) industria**: Fleiß, Tatkraft • **praeses**, idis *m.*: Beschützer • **prōpūgnātor**: Vorkämpfer • **minister**: Diener • **splendor**: Glanz, Ansehen

(65) prō virīlī parte: nach Kräften • **cervīx**, īcis *f.*: Nacken • **mūnia** = munera • invidus *58 **(72) dēsidia**: Trägheit, Untüchtigkeit • **convīvium**: Festgelage • **dēlectātiō**: Vergnügen • **illecebra**: Lockung • **lēnōcinium**: Verführung • **missum facere**: fahren lassen, verzichten • **perfruī**: genießen •

Qui autem bonam famam bonorum, quae sola vere gloria nominari potest, expetunt, aliis otium quaerere debent et voluptates, non sibi. Sudandum est iis pro communibus commodis, adeundae inimicitiae, subeundae saepe pro re publica tempestates: cum multis audacibus, improbis, non numquam etiam potentibus dimicandum. Haec audivimus de clarissimorum virorum consiliis et factis, haec accepimus, haec legimus.

Neque eos in laude positos videmus, qui incitarunt aliquando populi animos ad seditionem aut qui largitione caecarunt mentes imperitorum aut qui fortes et claros viros et bene de re publica meritos in invidiam aliquam vocaverunt. Leves hos semper nostri homines et audaces et malos et perniciosos cives putaverunt.

At vero qui horum impetus et conatus represserunt, qui auctoritate, qui fide, qui constantia, qui magnitudine animi consiliis audacium restiterunt, hi graves, hi principes, hi duces, hi auctores huius dignitatis atque imperi semper habiti sunt. [...]

Qua re imitemur nostros Brutos, Camillos, Ahalas, Decios, Curios, Fabricios, Maximos, Scipiones, Lentulos, Aemilios, innumerabiles alios, qui hanc rem publicam stabiliverunt; quos equidem in deorum immortalium coetu ac numero repono.

Amemus patriam, pareamus senatui, consulamus bonis; praesentes fructus neglegamus, posteritatis gloriae serviamus; id esse optimum putemus, quod erit rectissimum; speremus, quae volumus, sed quod acciderit, feramus.

Cogitemus denique corpus virorum fortium magnorumque hominum esse mortale, animi vero motus et virtutis gloriam sempiternam; neque, hanc opinionem si in illo sanctissimo Hercule consecratam videmus, cuius corpore ambusto vitam eius et virtutem immortalitas excepisse dicatur, minus existimemus eos, qui hanc tantam rem publicam suis consiliis aut laboribus aut auxerint aut defenderint aut servaverint, esse immortalem gloriam consecutos.

---

expetere *54 **(80) sūdāre**: schwitzen • **commodum**: Vorteil • **inimīcitiae**: Anfeindungen • **dīmicāre**: kämpfen **(85) largītiō**: Geldgeschenk, Bestechung • **caecāre**: blenden • **imperītus**: unerfahren • **perniciōsus**: unheilbringend **(89) conātus, ūs**: Anschlag • **reprimere**, ō, pressī, pressum: zurückdrängen, im Keim ersticken **(94) Lentulōs, Aemiliōs**: *Cicero reiht hier P. Lentulus Spinther, der seine Rückberufung aus dem Exil beantragt hatte, und M. Aemilius Scaurus, den vorsitzenden Richter in dem Prozeß, aus dem diese Rede stammt, über ihre Familien in die Größen der römischen Geschichte ein* • innumerabilis *23 • **stabilīre**: festigen • **repōnere**: hinstellen, zählen zu • **posteritās**: Nachwelt **(103) cōnsecrāre**: für heilig erklären, verewigen • **ambūrere**, ō, ussī, ustum: verbrennen • **immortālitās**: Unsterblichkeit

Epilog: Laus philosophiae

Philosophische Protreptik, wie Cicero sie betreiben möchte, kann sich nicht damit begnügen, die Leistungen der Philosophie in ihren verschiedenen Disziplinen aufzuzeichnen, sie ist auch gefordert, sich über Sinn und Funktion des Philosophierens selbst zu äußern. Doch bereits die Definition, was Philosophie ist, stößt auf Schwierigkeiten, da sie nicht wie die anderen Wissenschaften über einen fest umrissenen Gegenstandsbereich verfügt und auch nicht einen gesicherten Bestand an allgemein anerkanntem Wissen vorweisen kann. Charakteristisch für das Philosophieren ist gerade, daß einmal gegebene Antworten nicht als verbindliche Problemlösungen gelten können, sondern daß die Fragen immer wieder neu gestellt und beantwortet werden müssen. Während die Einzelwissenschaften bestimmte Grundbegriffe voraussetzen, die nicht weiter hinterfragt werden, gibt es für den Philosophen nichts, was er ungefragt hinnehmen könnte, nichts, was er nicht in Frage stellen dürfte.

Staunen und Fragen erst setzen das Denken in Bewegung, reizen es zur Kritik. Unter diesem Begriff ist hier nicht die zersetzende Auseinandersetzung mit etwas Vorgegebenem zu verstehen, sondern die Überprüfung einer Wahrnehmung, eines Sachverhalts, eines fremden oder eigenen Wahrheitsanspruchs auf seine Berechtigung hin (insofern gehört auch ein destruktives Element zu ihr) und die Bestätigung bzw. konstruktive Entwicklung von akzeptablen Lösungen des fraglichen Problems. Beide Phasen kritischen Denkens setzen methodisches Vorgehen voraus, d. h. ziel- und zweckgerichtete Verfahrensweisen, um zu geeigneten Erkenntnissen zu gelangen, die die Bedingungen des Fragenden und seine Vorgehensweise ebenso in Frage stellen wie den Gegenstand seiner Untersuchung. Selbsterkenntnis wird so zum Ausgangspunkt philosophischer Erkenntnis.

Trotz ihrer Verpflichtung zum Zweifel auch an scheinbar selbstverständlichen Gegebenheiten ist Philosophie aber nicht unverbindliches Gerede über Beliebiges, vollzieht sich nicht im luftleeren Raum letztlich belangloser Spekulation; denn einmal wird sie dank ihres Hinterfragens der Grundbegriffe und des Erkenntnisprozesses zur Basiswissenschaft aller Fachwissenschaften, zum anderen wendet sie sich ja schon in ihren Anfängen – mit der Frage nach der Herkunft der Dinge und der Frage nach der Eudaimonia, dem Glück – der Lebenspraxis zu.

Im letzten Text unserer Sammlung wirft Cicero einen Blick auf die Anfänge der antiken Philosophie. Wir wollen nicht versäumen, auch die entgegengesetzte Perspektive einzunehmen, nach dem Fortgang der Philosophie zu fragen und speziell nach der Rezeption von Ciceros Philosophie. Wenige Hinweise mögen genügen: Mit Augustin, der über Cicero zur Philosophie und – man staune! – zur Religion zurückfindet, wird die Philosophie zwar zur Argumentationshilfe für den Glauben degradiert, überlebt aber in dieser wichtigen Funktion das Mittelalter und erlebt in der Renaissance eine vitale Wiedergeburt. In der Auseinandersetzung mit den Gedankengebäuden der antiken Philosophie, wie sie zunächst vorwiegend durch Cicero erschlossen wurden, setzt man sich seither immer wieder neu auseinander, um auch auf diesem Wege Antworten auf die besonderen Anreize der jeweiligen Gegenwart zu suchen.

Denn diese Antworten sind zwar vielfach neu, einmalig; von den Fragen aber, die gestellt werden, sind viele immer noch die alten, wie Cicero v. a. sie uns überliefert hat; und da es beim Philosophieren nicht um fertige Erkenntnisse geht, sondern um den Vollzug des Erkennens, das Ringen um Lösungen, können wir uns von seinem Werk auch heute hinführen lassen zu dieser Grundbetätigung menschlicher Existenz. Also: *Philosophieren mit Cicero!*

24 Die Philosophie als Erzieherin

(De legibus 1, 58–62)

Immer wieder kommt Cicero auf den beispiellosen Wert der Philosophie zu sprechen. Eine der instruktivsten Passagen, die wir hier zum Abschluß unserer Bemühungen um seine Philosophie aufgreifen, da sie die meisten behandelten Gesichtspunkte kaleidoskopartig noch einmal anklingen läßt, findet sich in seinem Dialog über die Gesetze:

Ita fit, ut mater omnium bonarum rerum sit sapientia, a cuius amore Graeco verbo philosophia nomen invenit, qua nihil a dis immortalibus uberius, nihil florentius, nihil praestabilius hominum vitae datum est. Haec enim una nos cum ceteras res omnes, tum, quod est difficillimum, docuit, ut nosmet ipsos nosceremus, cuius praecepti tanta vis et tanta sententia est, ut ea non homini cuipiam, sed Delphico deo tribueretur.

Nam qui se ipse norit, primum aliquid se habere sentiet divinum ingeniumque in se suum sicut simulacrum aliquod dicatum putabit tantoque munere deorum semper dignum aliquid et faciet et sentiet et, cum se ipse perspexerit totumque temptarit, intelleget, quem ad modum a natura subornatus in vitam venerit quantaque instrumenta habeat ad obtinendam adipiscendamque sapientiam, quoniam principio rerum omnium quasi adumbratas intellegentias animo ac mente conceperit, quibus illustratus sapientia duce bonum virum et ob eam ipsam causam cernat se beatum fore.

Nam cum animus cognitis perceptisque virtutibus a corporis obsequio indulgentiaque discesserit voluptatemque sicut labem aliquam dedecoris oppresserit omnemque mortis dolorisque timorem effugerit societatemque caritatis coierit cum suis omnesque natura coniunctos suos duxerit cultumque deorum et puram religionem susceperit et exacuerit illam, ut oculorum, sic ingenii aciem ad bona seligenda et reicienda contraria, quae virtus ex providendo est appellata prudentia: quid eo dici aut cogitari poterit beatius?

Text 24

ūber, eris: fruchtbar, ergiebig, reich • **praestābilis:** vortrefflich **(5)** nosmet *67 • **quispiam:** irgendein • **Delphicus deus:** *über dem Apollo-Tempel zu Delphi stand die Inschrift* ΓΝΩΘΙ ΣΕΑΥΤΟΝ (‚Gnóthi seautón') = *lat.* nōsce tē ipsum! • **simulācrum dicātum:** geweihtes Götterbild **(10) subōrnātus:** ausgerüstet • **īnstrūmentum:** Hilfsmittel • **adumbrāta intellegentia:** schattenhafte *(d. h. nur in den Grundzügen festgelegte)* Begriffe • **concipere:** empfangen • **illustrāre:** aufklären **(16) obsequium:** Gehorsam • **indulgentia:** Nachgiebigkeit • **lābēs,** is *f.*: Schandfleck • **dēdecus,** oris *n.*: Schande • caritas *48 • **societātem coīre:** ein Bündnis eingehen **(20) exacuere:** schärfen • **aciēs** *(hier)*: Sehkraft • **sēligere:** (aus)wählen • **rēicere:** verwerfen

Idemque cum caelum, terras, maria rerumque omnium naturam perspexerit, eaque unde generata, quo recursura, quando, quo modo obitura, quid in iis mortale et caducum, quid divinum aeternumque sit, viderit ipsumque ea moderantem et regentem deum paene prenderit seseque non omnino circumdatum moenibus popularem alicuius definiti loci, sed civem totius mundi quasi unius urbis agnoverit: in hac ille magnificentia rerum atque in hoc conspectu et cognitione naturae, dii immortales, quam se ipse noscet, quam contemnet, quam despiciet, quam pro nihilo putabit ea, quae vulgo dicuntur amplissima!

Atque haec omnia quasi saepimento aliquo vallabit disserendi ratione, veri et falsi iudicandi scientia et arte quadam intellegendi, quid quamque rem sequatur et quid sit cuique contrarium. Cumque se ad civilem societatem natum senserit, non solum illa subtili disputatione sibi utendum putabit, sed etiam fusa latius perpetua oratione, qua regat populos, qua stabiliat leges, qua castiget improbos, qua tueatur bonos, qua laudet claros viros, qua praecepta salutis et laudis apte ad persuadendum edat suis civibus, qua hortari ad decus, revocare a flagitio, consolari possit afflictos factaque et consulta fortium et sapientium cum improborum ignominia sempiternis monumentis prodere.

Quae cum tot res tantaeque sint, quae inesse in homine perspiciantur ab iis, qui se ipsi velint nosse, earum parens est educatrixque sapientia.

Bekenntnis zur Philosophie **25**

(Tusculanae disputationes 5, 5–9)

Der stoische Lehrsatz, daß die Tugend zur Glückseligkeit ausreicht, also den einzigen wirklichen Wert darstellt, bildet für Cicero zugleich die condicio sine qua non für die Philosophie, die – unabhängig vom Streit der unterschiedlichen Schulmeinungen – letztlich auf dieses eine Ziel ausgerichtet ist; folgerichtig steht deshalb am Beginn des 5. Buchs der „Tusculanen“, in dem es ausschließlich um Belege für diese These geht, ein fast hymnisches Bekenntnis Ciceros zur Philosophie als der für ihn einzigen Hilfe der Menschen gegen ihre und der Welt Unzulänglichkeit.

---

(25) generare *11 • **recurrere**: zurückkehren • **cadūcus**: hinfällig, vergänglich • **moderārī**: lenken • **paene** *(Adv.)*: beinahe • **prēnderit** = comprehenderit • popularis *59; definire *35; cognitio *28 **(31) dēspicere**: herabsehen, geringschätzen • **vulgō** *(Adv.)*: allgemein • **saepīmentum**: Umzäunung • **vallāre**: mit einem Wall umgeben • **disserendī ratiō**: dialektische Methode **(36) subtīlis**: fein • disputatio *42 • **stabilīre**: festigen, sichern • **castīgāre**: strafen **(40) revocāre**: abhalten • **cōnsōlārī**: trösten • **afflictus**: niedergeschlagen, betrübt • **īgnōminia**: Schande • sempiternus *25 • **monumentum**: Andenken **(44) ēducātrīx**, īcis: Erzieherin

O vitae philosophia dux, o virtutis indagatrix expultrixque vitiorum! Quid non modo nos, sed omnino vita hominum sine te esse potuisset? Tu urbes peperisti, tu dissipatos homines in societatem vitae convocasti, tu eos inter se primo domiciliis, deinde coniugiis, tum litterarum et vocum communione iunxisti, tu inventrix legum, tu magistra morum et disciplinae fuisti; ad te confugimus, a te opem petimus, tibi nos – ut antea magna ex parte, sic nunc penitus totosque – tradimus. Est autem unus dies bene et ex praeceptis tuis actus peccanti immortalitati anteponendus.

Cuius igitur potius opibus utamur quam tuis, quae et vitae tranquillitatem largita nobis es et terrorem mortis sustulisti? At philosophia quidem tantum abest, ut, proinde ac de hominum est vita merita, laudetur, ut a plerisque neglecta a multis etiam vituperetur. Vituperare quisquam vitae parentem et hoc parricidio se inquinare audet et tam impie ingratus esse, ut eam accuset, quam vereri deberet, etiamsi minus percipere potuisset? Sed, ut opinor, hic error et haec indoctorum animis offusa caligo est, quod tam longe retro respicere non possunt nec eos, a quibus vita hominum instructa primis sit, fuisse philosophos arbitrantur.

Quam rem antiquissimam cum videamus, nomen tamen esse confitemur recens. Nam sapientiam quidem ipsam quis negare potest non modo re esse antiquam, verum etiam nomine? Quae divinarum humanarumque rerum, tum initiorum causarumque cuiusque rei cognitione hoc pulcherrimum nomen apud antiquos adsequebatur. Itaque et illos septem, qui a Graecis σοφοί, sapientes a nostris et habebantur et nominabantur, et multis ante saeculis Lycurgum, cuius temporibus Homerus etiam fuisse ante hanc urbem conditam traditur, et iam heroicis aetatibus Ulixem et Nestorem accepimus fuisse et habitos esse sapientes.

Text 25

indāgātrīx, īcis *f.*: Erforscherin • **expultrīx,** īcis *f.*: Vertreiberin • **dissipāre:** zerstreuen • **domicilium:** (fester) Wohnsitz • **coniugium:** Ehe • **commūniō:** Verbindung, einendes Band **(5) inventrīx,** īcis *f.*: Erfinderin • magistra *66 • **cōnfugere:** seine Zuflucht suchen • **penitus** *(Adv.)*: völlig • **peccāns immortālitās:** eine mit Schuld beladene Unsterblichkeit • anteponere *64 **tranquillitās:** (Gemüts-)Ruhe, Frieden **(10) largīrī,** ior, ītus sum: schenken • **Sb: At philosophia . . .:** at tantum abest, ut philosophia . . . laudētur, ut ā plerīsque . . . etiam . . .: es fehlt soviel daran, daß . . ., daß sie vielmehr . . . • **proinde ac . . . merita est:** entsprechend ihren Verdiensten • vituperare *56 • **parricīdium:** Muttermord • **inquināre:** beflecken • **impius:** gottlos, frevlerisch • **ingrātus:** undankbar • etiamsi *69 **(15)** error *43 • **indoctus:** ungebildet • **offundere,** ō, fūdī, fūsum: verbreiten • **cālīgō,** inis *f.*: Dunst, Dunkelheit, Verblendung • **retrō** *(Adv.)*: rückwärts • **respicere:** zurückschauen **(21)** cognitio *28 **(25) illōs septem . . .:** *die sog. Sieben Weisen, deren Zusammenstellung aber wechselt* • σοφοί ('sophoi') *griech.*: Weise, die Weisen • **Lycūrgus:** *spartanischer Gesetzgeber um 800, als besonders streng bekannt* • **Homērus:** *der älteste griechische Dichter, Verfasser der 'Ilias' und 'Odyssee', von der antiken Wissenschaft ebenfalls auf die Zeit um 800 festgesetzt* **(25) hērōicus:** heldenhaft, heroisch • **Ulixēs,** is: Odysseus • **Nestor:** *der greise König von Pylos, einer der Helden von Troja*

Nec vero Atlans sustinere caelum nec Prometheus adfixus Caucaso nec stellatus Cepheus cum uxore, genero, filia traderetur, nisi caelestium divina cognitio nomen eorum ad errorem fabulae traduxisset. A quibus ducti deinceps omnes, qui in rerum contemplatione studia ponebant, sapientes et habebantur et nominabantur, idque eorum nomen usque ad PYTHAGORAE manavit aetatem.

Quem – ut scribit auditor Platonis PONTICUS HERACLIDES, vir doctus in primis – Phliuntem ferunt venisse eumque cum Leonte, principe Phliasiorum, docte et copiose disseruisse quaedam. Cuius ingenium et eloquentiam cum admiratus esset Leon, quaesivisse ex eo, qua maxime arte confideret; at illum: artem quidem se scire nullam, sed esse philosophum. Admiratum Leontem novitatem nominis quaesivisse, quinam essent philosophi et quid inter eos et reliquos interesset.

Pythagoram autem respondisse similem sibi videri vitam hominum et mercatum eum, qui haberetur maxumo ludorum apparatu totius Graeciae celebritate; nam ut illic alii corporibus exercitatis gloriam et nobilitatem coronae peterent, alii emendi aut vendendi quaestu et lucro ducerentur, esset autem quoddam genus eorum – idque vel maxime ingenuum –, qui nec plausum nec lucrum quaererent, sed visendi causa venirent studioseque perspicerent, quid ageretur et quo modo, item nos quasi in mercatus quandam celebritatem ex urbe aliqua sic in hanc vitam ex alia vita et natura profectos alios gloriae servire, alios pecuniae, raros esse quosdam, qui ceteris omnibus pro nihilo habitis rerum naturam studiose intuerentur; hos se appellare sapientiae studiosos – id est enim philosophos; et ut illic liberalissimum esset spectare nihil sibi acquirentem, sic in vita longe omnibus studiis contemplationem rerum cognitionemque praestare.

• **Atlāns,** ntis: *ein Titane (von Zeus entmachtetes Göttergeschlecht), der das Himmelsgewölbe trägt* • **Promētheus:** *ein Bruder des Atlas, den Zeus zur Strafe dafür, daß er den Menschen das Feuer übermittelt hatte, an einen Felsen des Kaukasus schmieden ließ* • **stēllāre:** unter die Sterne versetzen • **Cēpheus (cum uxōre ...):** *mythischer König von Äthiopien, Gatte der Kassiopeia, Vater der Andromeda und damit Schwiegervater des Perseus* • **gener,** erī: Schwiegersohn • **fābula:** Mythenerzählung **(30)** deinceps *72 • **contemplātiō:** Betrachtung • **mānāre:** fließen, sich ausbreiten
audītor: Hörer, Schüler • **Phlīūs** *(Akk. -untem): Stadt in Achaia, ihre Bewohner heißen* **Phliasii**; **Leon** *hieß einer ihrer Tyrannen* **(35)** copiosus *47 • **ēloquentia:** Beredsamkeit • **novitās:** Neuheit • quinam *68 **(41) mercātus,** ūs: Handel, Markt • **apparātus,** ūs: Aufwand • **celebritās:** zahlreicher Besuch • **Sb nam ut illīc ...:** nam ut ... alii ..., alii ..., quoddam genus ..., item nōs ... • **exercitātus:** geübt, geschult • **corōna:** (Sieger-)Kranz • **quaestus,** ūs: Erwerb • **lucrum:** Gewinn • **ingenuus:** edel **(45) plausus,** ūs: Beifall • **vīsere:** zuschauen **(50) intuērī:** betrachten • **id est enim philosophōs:** *vgl. griech.* φιλεῖν ('philein'): lieben, σοφία ('sophia'): Weisheit • **līberālis:** edel • **acquīrere:** erwerben • **contemplātiō:** Betrachtung • cognitio *28

Lernwortschatz

Natur

1. **mundus**	Weltall, Welt
mundum ipsum deum dīcit esse	er erklärt, die Welt sei mit Gott identisch
2. **sīdus**, eris *n.*	Sternbild, Stern
3. **āēr**, āeris *m.*	Luft
4. **nātūrālis** (e), is	natürlich, wirklich
5. **animāns**, ntis	*(adj.)* beseelt, lebendig, *(subst.)* Lebewesen
omnium animantium fōrmam vincit hominis figūra	alle Lebewesen übertrifft an Schönheit die menschliche Gestalt
6. **figūra**	Gestalt
7. **membrum**	Glied, Bestandteil
quae compositiō membrōrum potest esse pulchior?	welcher Körperbau kann schöner sein?
8. **bēstia**	(wildes) Tier
bēstiīs aliud aliī praecipuī ā nātūrā datum est	jedes Tier hat von der Natur einen anderen Vorzug erhalten
9. **frūx**, frūgis *f. (meist. pl.)*	Ackerfrucht, Getreide
10. **gignere,** ō, genuī, genitum	zeugen, hervorbringen
ceterae nātūrae suīs sēminibus quaeque gignuntur	die übrigen Wesen entstehen aus ihren jeweiligen Keimzellen
11. **generāre**	zeugen, erschaffen hervorbringen
est enim nātūrā sīc generāta vīs hominis	denn der Mensch ist von Natur aus dazu befähigt
12. **prōcreāre**	(er-)zeugen
pecudēs ad vescendum prōcreātae	Vieh, das zur Nahrung geschaffen ist

Bewegung und Zustand

13. **inchoāre**	(nur) beginnen
commūnes intellegentiās in animīs nostrīs inchoāvit (nātūra)	die Natur hat in uns die Fähigkeit angelegt, in allgemeinen Begriffen zu denken
14. **ōrdīrī,** ior, ōrsus sum	anfangen
unde ōrdīrī rectius possumus?	womit könnten wir besser beginnen?

15. **mōlīrī,** ior, ītus sum	in Bewegung setzen, ins Werk setzen, produktiv sein
nullā operā mōlītur	er müht sich mit keiner Arbeit ab
16. **celeritās**	Schnelligkeit
17. **refercīre,** iō, refersī, refertum	vollstopfen, anfüllen
vīllae sīgnīs et tabulīs refertae	Landhäuser, die mit Statuen und Gemälden vollgestopft sind
18. **vacāre** aliquā rē	frei sein von etwas
quintum genus adhibet vacāns nōmine	er führt eine fünfte Art ein, die noch keinen Namen hatte
19. **lātē patēre**	einen weiten Spielraum haben, dehnbar sein
nihil est tam illūstre nec quod lātius pateat	nichts ist so glanzvoll und von weitreichenderer Bedeutung
20. **simplex,** plicis	einfach, einzeln
ō praeclāram beāte vīvendī et apertam et simplicem et dīrēctam viam!	welch herrlicher, breiter, einfacher und unmittelbarer Weg zum glückseligen Leben!
21. **imbēcillus (a,um)**	schwach, bedeutungslos
22. **externus** (a, um)	äußerer, äußerlich
inanimum est omne, quod pulsū agitātur externō	leblos ist alles, was seine Bewegung einem Anstoß von außen verdankt
23. **innumerābilis** (e), is	unzählig, zahllos
numerō innumerābilēs	der Zahl nach unendlich viele
24. **īnfīnītus** (a, um)	unbegrenzt, unendlich
rēbus īnfīnītīs modum constituere	Grenzenlosem Schranken setzen
25. **sempiternus** (a, um)	immerwährend, beständig, ewig
sempiternīs monumentīs prōdere	ewigem Angedenken überantworten

Geistige Beschäftigung

26. **cōgitātiō**	Denken, Denkvermögen, Gedanke
omnis in eā (i. e. rē pūblicā) cōgitātiō et cūra ponenda est	all unser Denken und all unsere Fürsorge darf nur ihm (dem Staat) gelten
27. **intellegentia**	Erkenntnisvermögen, Vorstellung, Begriff
fugere intellegentiae nostrae vim vidētur	es scheint unser Vorstellungsvermögen zu übersteigen
nātūra obscūrās intellegentiās inchoāvit (*vgl.* 13)	die Natur hat undeutliche Begriffe in uns angelegt

28. **cōgnitiō**	Kennenlernen, Erkenntnis, Begriff
usitātae perceptaeque cōgnitiōnēs deōrum	die geläufigen und bekannten Vorstellungen von den Göttern
29. **nōtiō**	Kenntnis, Begriff, Vorstellung
cum deōrum nōtiōne comprehendere	(etwas) unter dem Begriff Götter erfassen
30. **intuērī**	betrachten
nātūram animī intuērī	sich Gedanken machen über das Wesen der Seele
31. **percipere**	erfassen, begreifen
sēnsibus percipere	sinnlich wahrnehmen
32. **complectī**, or, complexus sum	umfangen, erfassen, zusammenfassend darstellen
cōgitātiōne complectī	geistig erfassen
33. **exprimere**, ō, pressī, pressum	ausdrücken, anschaulich darstellen
fābellae Latinae ad verbum dē Graecīs expressae	lateinische Stücke, die wortwörtlich den griechischen folgen
34. **distinguere**, ō, stīnxī, stīnctum	unterscheiden, trennen
quī distinguēs artificem ab īnsciō?	wie willst du einen Künstler und einen Laien auseinanderhalten?
35. **dēfīnīre**	abgrenzen
genus ūniversum brevī dēfīnīrī potest: ...	die ganze Art läßt sich kurz so definieren: ...
36. **conclūdere**, ō, clūsī, clūsum	einschließen, abschließen, folgern
37. **referre ad** (*oder* in)	beziehen auf, rechnen zu
38. **ēlegāns**, ntis	fein, geschmackvoll
39. **perspicuus** (a, um)	durchsichtig, klar, offenbar
perspicuum est hominem ē corpore animōque cōnstāre	es ist offensichtlich, daß der Mensch aus Körper und Seele besteht
40. **discrīptiō**	Aufbau, Gliederung, Organisation
discrīptiō disciplīnae	Fachmethodik
41. **fundāmentum**	Unterbau, Grundlage
42. **disputātiō**	Erörterung, Untersuchung
43. **error**	Irrtum, Fehler
nōnne in maximō errōre versātur?	befindet er sich nicht im größten Irrtum?
44. **mentīrī**, ior, mentītus sum	lügen, fälschlich behaupten
45. **congruere**	übereinstimmen, entsprechen
nātūrae congruēns	im Einklang mit der natürlichen Bestimmung

46. **repūgnāre**	im Widerspruch stehen, unvereinbar sein
quō modō autem, quid repūgnāret, viderēmus?	wie könnten wir aber erkennen, was dem widerspricht?
47. **cōpiōsus** (a, um)	reich, gedankenreich

Soziales, Werte und Normen

48. **cāritās**	Hochschätzung, Liebe
cāritās generis humānī	die Liebe zur Menschheit
49. **liberālitās**	edle Gesinnung, Freundlichkeit, Güte, Freigebigkeit
50. **temperantia**	Mäßigung, Zurückhaltung
51. **continēns**, ntis	a) zusammenhängend, ununterbrochen; b) enthaltsam, diszipliniert
continenter lābī	unaufhaltsam dahingleiten
quam gravis, quam continēns, quam sevēra	wie ernst, wie asketisch, wie streng
52. **contentus** (a, um) aliquā rē	sich begnügend, zufrieden mit etwas
virtūtem ad beāte vīvendum sē ipsā esse contentam	daß die Tugend für ein glückliches Leben sich selbst genügt
53. **iūcundus** (a, um)	angenehm
non posse iūcundē vīvī nisī sapienter (dicit)	man kann (seiner Ansicht nach) nur als Weiser angenehm leben
54. **expetere**	erstreben, heftig verlangen
duo genera propter sē expetendōrum	zwei Arten von Dingen, die um ihrer selbst willen zu erstreben sind
55. **laudābilis** (e), is	lobenswert, rühmlich
56. **vituperāre**	tadeln, schelten
est vituperandus prōditor patriae	ein Vaterlandsverräter ist tadelnswert
57. **abhorrēre ā**	a) ablehnen, b) abweichen von
ā dignitāte abhorrēre	nicht im Einklang mit der öffentlichen Stellung stehen
58. **invidus** (a, um)	neidisch, eifersüchtig
59. **populāris** (e), is	*(adj.)* das Volk betreffend, der Art des Volks entsprechend, volkstümlich *(subst.)* Landsmann, Bürger
populāriter loquī	so sprechen, daß es beim Volk ankommt
60. **scītum**	Beschluß, Verordnung
suffrāgiīs aut scītīs multitūdinis probāre	durch Abstimmung oder Beschluß der Menge gutheißen

61. **sēditiō**	Aufstand, Aufruhr
62. **coniūnctiō**	Verbindung, Vereinigung
coniūnctiō inter hominēs hominum	die Verbindung der Menschen untereinander
63. **excellere**	hervorragen, sich auszeichnen
habet venerātiōnem iūstam, quicquid excellit	Verehrung genießt zu Recht, was über anderes erhaben ist
64. **antepōnere**	vorziehen
lēgēs omnium salūtem singulōrum salūtī antepōnunt	die Gesetze geben dem Allgemeinwohl den Vorzug vor dem Wohl des einzelnen
65. **ūtilitās**	Brauchbarkeit, Nutzen, gute Dienste
societās et commūnicātiō ūtilitātum	eine Verbindung zum gegenseitigen Nutzen
66. **magister, magistra**	Meister/in, Lehrer/in
magistra artium reliquārum	die Lehrmeisterin aller weiteren Künste

Partikel

67. **-met** *(Suffix zur Hervorhebung eines Personalpronomens)*	selbst, eigen
ut vōbīsmet ipsīs placet	(ihr) nach eigenem Ermessen
68. **quīnam (quaenam, quodnam)**	welcher denn, was für einer denn?
quaesīvisse, quīnam essent philosophī	er habe gefragt, was für Leute Philosophen denn seien
69. **etiamsī** *(Konjunktion)*	auch wenn, obwohl
70. **quodsī** *(Konjunktion)*	wenn aber, wenn also
71. **quīn**	*(Adv.)* wie denn nicht, ja sogar *(konsek. Relativum* <qui non): der nicht *(Konjunktion)* daß
quīn etiam ceterīs, quae moventur, hoc prīncipium est movendī	ja dies ist vielmehr für das übrige, was sich bewegt, der Ursprung der Bewegung
quis est, quīn cernat ...	gibt es einen, der nicht sähe (daß/wie ...)
nec est dubium, quīn intellegātur	zweifellos wird das erkannt
72. **deinceps** *(Adv.)*	der Reihe nach
73. **porrō** *(Adv.)*	weiterhin, ferner
74. **praesertim** *(Adv.)*	besonders, zumal
cum praesertim deum pulcherrimā speciē deceat esse	zumal da Gott doch wohl die allerschönste Erscheinung aufweist
75. **minimē** *(Adv.)*	durchaus nicht, keineswegs
minimē autem convenit	es ist aber völlig unpassend
76. **nusquam** *(Adv.)*	nirgends, nirgendwohin, nirgendwoher

Herkunfts- und **Wirkungsorte der genannten Philosophen und Schulen**
(vgl. das Namenverzeichnis, S. 84-87)

1) Thales · Anaximander · Anaximenes
2) Heraklit
3) Alkmaion · Pythagoras aus Samos
4) Empedokles
5) Anaxagoras
7) Demokrit · Protagoras
8) Anaxagoras · Protagoras · Akademie (Platon) · Lykeion/Peripatos (Aristoteles aus Stageira) · Stoa (Zenon aus Kition, Zypern) „Garten" (Epikur aus Samos) · Kyniker (Antisthenes)
9) Kyrenaiker (Aristipp)

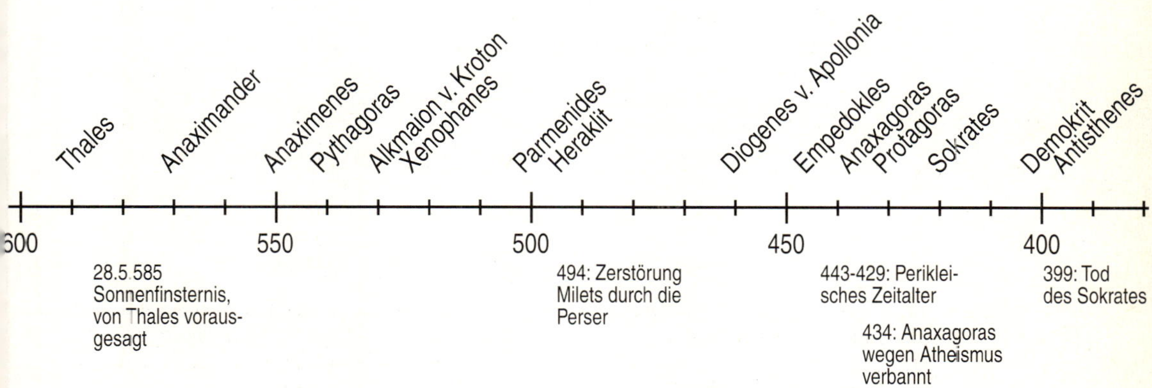

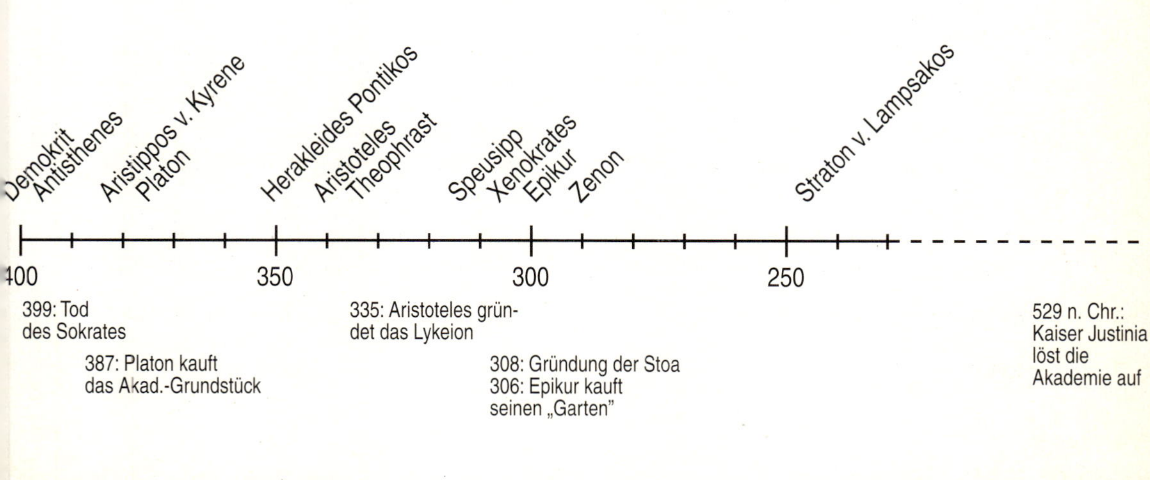

Die griechischen Philosophen und Philosophenschulen

Academía/Acadēmici/Akademíe: Im 4. Jahrhundert v. Chr. stand am nördlichen Stadtrand von Athen ein Wäldchen mit Anlagen für gymnastische Übungen und dem Heiligtum des lokalen Heros Akademos. In diesem heiligen Hain philosophierte →Platon mit seinen Schülern, bevor er 387 einen benachbarten Garten für seine nach Akademos benannte Schule kaufte. Diese bestand fast tausend Jahre, bis Kaiser Justinian sie 529 n. Chr. auflöste. Die Philosophiegeschichte unterscheidet drei Epochen: Die Ältere Akademie bestand nach Platons Tod noch aus seinen Schülern. →Speusipp, Polemon, →Xenokrates und Krates waren ihre Leiter; man untersuchte Probleme der Zahl und der Idee. Die Mittlere Akademie mit den Repräsentanten Arkesilaos und Karneades begründete den Skeptizismus gegen den Dogmatismus der →Stoa. Die Jüngere Akademie mit dem prominentesten Vertreter Plotin entwickelte den einflußreichen Neuplatonismus. Erkenntnis im Dialog zu gewinnen war der methodische Grundgedanke der Akademie. Er wurde vom Benediktiner Alkuin durch die Gelehrtenversammlung am Hof Karls des Großen wiederbelebt, doch erst im 15. Jahrhundert gründete Cosimo Medici in Florenz eine Academia platonica, womit der Name Akademie in die Geistesgeschichte zurückkehrte. *(aus: Süddeutsche Zeitung, 12. Oktober 1992, S. 2, cs)*

Alcmáeo/Alkmáion aus Kroton in Unteritalien (ca. 571–497) sieht das Wesen des Göttlichen in der ewigen Bewegung und ordnet ihm die menschliche Seele zu, der er damit Unsterblichkeit zuerkennt.

Anaxágoras aus Klazómenai (ca. 499–428) erblickt das Baumaterial der Welt in einer unendlichen Anzahl von Keimzellen, die qualitativ schon das Endprodukt enthalten, so wie in jeder Substanz sämtliche Urstoffe enthalten sind; diese Keimzellen sind in ständiger umgestaltender Bewegung, die vom Geist als dem allmächtigen und allwissenden Weltenherrscher ausgelöst wird.

Anaximánder aus Milet (ca. 610–546), Schüler und Nachfolger des →Thales, ist der erste uns bezeugte Autor der abendländischen Philosophie; ihm gilt das Unendliche ('Ápeiron') als Seinsprinzip, aus ihm ergibt sich das Werden, es ist göttlich und unvergänglich.

Anaxímenes aus Milet (ca. 585–528) betrachtet als den lebendigen und göttlichen Urgrund des Seins die Luft, aus der alles durch Verdichtung und Verdünnung entsteht.

Antísthenes aus Athen (ca. 445–365), Schüler des →Sokrates, gilt als Begründer der Schule der →Kyniker, die in ihrer Bedürfnislosigkeit die Verachtung der äußeren Dinge auf die Spitze treibt; er lehnt nicht nur →Platons Idealismus ab, sondern auch die anthropomorphen und polytheistischen Vorstellungen der Volksreligion.

Aristóteles aus Stageira (384–322), Lehrer Alexanders des Großen, gilt als der bedeutendste und systematischste Denker der Antike; im Gegensatz zu seinem Lehrmeister →Platon ist er materialistischer Empiriker, für den das Allgemeine nur im realen Einzelnen existiert; letzte Ursache der Entwicklung ist ihm ein 'unbewegter Beweger', der allerdings nicht mehr ins Weltgeschehen eingreift. Er eröffnete 335 im Gymnasion (Sportbereich) eines Tempelbezirks des Apollon Lykeios in Athen seine eigene Schule, das Lykeion; seine Anhänger nannte man wegen ihrer Dozierweise im Auf- und Abgehen (griech. 'peripateín') die →Peripatetiker. (Vgl. auch die Zweittexte Z 2, Z 5 und Z 13 im Arbeitskommentar.)

Cyrenáici →Kyrenaiker

Demócritus/Demokrít aus Abdéra (ca. 460–370) bildet die von Leukipp begründete Lehre von den Atomen, die sich gesetzmäßig im leeren Raum bewegen, weiter aus; in seinem rein mechanistischen Weltbild wird alles auf quantitative Unterschiede dieser unendlich vielen und ewigen Substanzen zurückgeführt, qualitative Eindrücke werden mit Sinneswahrnehmungen des Beobachters erklärt, in denen er Bilder – feinste stoffliche Ablösungen – von den Dingen empfängt.

Diógenes aus Apollónia (Pontica) (499–427) – nicht zu verwechseln mit Diogenes aus Sinope, dem bekanntesten →Kyniker, der vor allem als Verächter der Zivilisation in die Geschichte eingegangen ist – greift wie →Anaximenes auf die Luft als Grundprinzip des Seins zurück, sieht in ihr aber nicht mehr nur das materielle Element, sondern eher den alles durchwaltenden Geist, den er mit Gott gleichsetzt.

Empédocles/Empédokles aus Agrigent (ca. 492–432) entscheidet sich für die vier Elemente als die göttlichen und damit ewigen Bausteine der Welt; indem sie durch die beiden Urkräfte Liebe und Haß gemischt und wieder getrennt werden, entstehen und vergehen die Dinge.

Epicúrus/Epikúr von Samos (342–270) ist der Begründer der Philosophenschule des 'Gartens' (306 in Athen); im Gegensatz zur →Stoa, mit der er den sensualistischen Ansatz teilt, ist für ihn jede sinnliche Wahrnehmung wahr (es sei denn, verschiedene Bilder störten sich in den Sinnesorganen gegenseitig). In der materialistischen Weltsicht lehnt er sich an →Demokrit an, doch sieht er mit der Lehre von der Deklination (willkürlichen Abweichung) der Atome die menschliche Willensfreiheit ermöglicht. Der Sinn des Lebens liegt für ihn in der geistig-seelischen Lust (Freisein von Schmerz, Unruhe, Todesangst), deshalb bevorzugt er ein 'Leben im Verborgenen'. (Vgl. auch die Zweittexte Z 8 und Z 27–29 im Arbeitskommentar.)

Heracléides/Herakléides aus Pontos (ca. 390–310) – nicht zu verwechseln mit Heraklit aus Ephesos ('Alles ist im Fluß'), der bei Cicero kaum Erwähnung findet –, Schüler →Platons, Physiker und Astronom, vermittelt bereits ein heliozentrisches Weltbild.

Kyniker: Der erste Kyniker →Antisthenes, war ein Schüler des Sokrates. Als höchstes Ziel galt ihm die Tugend der Bedürfnislosigkeit: Frei ist nur der, der keine Bedürfnisse hat, denn diese allein binden uns an die Gesellschaft, ihre Formen und Zwänge. [...] Die Nachfolger des Antisthenes – darunter der berühmte „Philosoph in der Tonne", Diogenes von Sinope, und auch eine Frau, Hipparchia, Ehefrau des Kynikers Krates – demonstrieren ihr Prinzip absoluter Unabhängigkeit, indem sie bewußt als Bettler leben, ohne Haus und Besitz, in Lumpen gekleidet. Krates besingt den Ranzen, die „unsterbliche Königin Freiheit". Diogenes feiert das „Umprägen der geltenden Münze", sozusagen die antike „Umwertung aller Werte", wie sie Nietzsche zwei Jahrtausende später propagierte. Von diesem, alle gesetzten Schranken offen verletzenden Lebensstil rührt auch ihr Name her: „kyon", der Hund, „das schamloseste Tier". [...] *(Christa Hackenesch, in: Jugendlexikon Philosophie, Reinbek 1988, S. 173–174)*

Kyrenáiker: griech. Philosophenschule, benannt nach Kyrene, der Heimatstadt Aristippos', der dort diese Schule begründete. Von den K.n, die u. a. an →Sokrates anknüpfen, wurde der hedonist. d.h. der Standpunkt vertreten, daß die Lust das höchste Gut sei. Nicht der ist frei, der sich – wie die →Kyniker – der Lust entzieht, sondern der sie erstrebt und erreicht, ohne deshalb den Verhältnissen untertan zu werden. Um zum maximalen Lustgewinn zu gelangen, braucht man Selbstbeherrschung, Mäßigung, bes. aber Einsicht in die Möglichkeiten des Lustgewinns und die Kenntnis der Feinde des Glücks, des Aberglaubens und der Leidenschaften. Der Lustbegriff wurde von den K.n häufig diskutiert. Gesucht wurde die augenblickl. Lust, bes. die körperliche, die geistige wurde aber nicht abgelehnt. [. . .] *(Irmscher, Johannes: Das große Lexikon der Antike, München 1979, S. 308)*

Parménides aus Eléa in Unteritalien (ca. 540–470), Schöpfer der Lehre vom Dualismus, bei dem die Gegensätze zur Vereinigung drängen, zeigt auf, daß allein das Seiende (und nicht das Nichts) denkbar ist, und lehrt bereits die Kugelgestalt der Erde und der Welt.

Perípatos/Peripatétici/Peripatétiker: Philosophenschule des →Aristoteles, erhielten ihren Namen nach der Wandelhalle (griech. 'perípatos') des Lykeion* in Athen, wo der Unterricht stattfand. Unter den Nachfolgern des Aristoteles ragten →Theophrastos, Aristoxenos, Eudemos und Dikaiarchos hervor, von denen die einen die Theorie, die anderen die Praxis bevorzugten; auf sie geht die jahrhundertealte Spaltung zurück. →Straton (3. Jh. v. u. Z.) leistete als Schuloberhaupt Bedeutendes auf dem Gebiete der Physik, widerlegte auch →Platons Beweis der Unsterblichkeit der Seele, leitete aber eine Zersplitterung in Einzeldisziplinen und Spezialuntersuchungen ein. Dadurch verloren die P. schnell an Bedeutung. Auf dem Gebiete der Historiographie überwucherten bald Anekdoten und Klatsch die wissenschaftliche Darstellung. Einflüsse davon sind auch in den uns überlieferten antiken Biographien zu finden. Als man im 1. Jh. v. u. Z. Theophrasts Bibliothek fand, gab Andronikos von Rhodos die Aristotelischen Schriften neu heraus. In der Folgezeit begnügten sich die P., diese Schriften zu kommentieren, bis sie im 4. Jh. im Neuplatonismus aufgingen. *(Löwe/Stoll: Die Antike in Stichworten, München 1970, S. 258)*

Pláto/Pláton aus Athen (425–347), der bedeutendste Schüler des →Sokrates, gründete 386 in Athen seine philosophische Schule, die →Akademie. P., dessen Dialoge uns vollständig erhalten sind, ist der Begründer der Ideenlehre und damit Stammvater aller 'idealistischen' Philosophie. In seinem 'Timaios' grenzt er die physische Welt, der keine eigene Wirklichkeit zukommt, streng ab gegen die Welt der Ideen; das Universum ist sinnliches Abbild des nur in Gedanken denkbaren Gottes. (Vgl. auch die Zweittexte Z 1, Z 4 und Z 12 im Arbeitskommentar.)

Polyáenus: enger Freund und Schüler →Epikurs

Pónticus →Heracleides

Protágoras aus Abdéra (ca. 481–411) gilt als Hauptvertreter der Sophistik, die die Gültigkeit der hergebrachten Anschauungen rationalistisch hinterfragt; er leugnet die Existenz objektiver Wahrheiten, bezieht alle Erkenntnis ausschließlich auf das erkennende Subjekt (Homo-mensura-Satz: Der Mensch ist der Maßstab für die Existenz aller Dinge).

Pythágoras aus Samos (ca. 580–497) führt die Harmonie der Welt auf Zahlenverhältnisse zurück; die von der Weltseele abgeleitete menschliche Seele erscheint bei ihm erstmals als individuelles Geistwesen; mit der Vorstellung von ihrer Unsterblichkeit ist die der Seelenwanderung eng verbunden: Da sie nach dem Tod ihres Trägers in ein anderes Lebewesen eingeht, dessen Wert dem dieser Seele entspricht, ist Reinheit der Lebensführung unabdingbar.

Síro/Síron: in Neapel ansässiger Epikureer, Lehrer Vergils

Sócrates/Sókrates aus Athen (470–399) 'holte die Philosophie vom Himmel auf die Erde' (vgl. Text 6). Sein Augenmerk galt nicht mehr der Naturphilosophie, sondern ausschließlich der ethischen Erziehung seiner Mitbürger, dem Versuch, die Menschen, die seiner Meinung nach zur Selbsterkenntnis und zum richtigen Wissen befähigt sind, auch zum richtigen Handeln zu veranlassen. Da er keine Schriften hinterlassen hat, sind wir für die Kenntnis seiner Lehre

* vgl. →Aristoteles (Anm. d. Hrsg.)

auf die idealisierenden Aufzeichnungen seiner Schüler, besonders →Platons, angewiesen. (Vgl. auch die Zweittexte Z 10 und Z 11 im Arbeitskommentar.)

Socrátici/Sokrátiker: Schüler des Sokrates, Sammelbezeichnung für die sich auf Sokrates berufenden Philosophen und Schulen, z. B. →Platon, →Xenophon, →Kyniker, →Kyrenaiker

Speusíppus/Speusípp: →Platons Neffe und Nachfolger in der Leitung der platonischen Akademie (347–338), versuchte pythagoreisches Gedankengut mit dem Idealismus zu verbinden.

Stoá/Stóici/Stóiker: die von →Zenon um 300 begründete und nach ihrem Tagungsort, der Stoà poikíle ('Bunte Säulenhalle') in Athen benannte Philosophenschule; neben der älteren Stoa (Zenon, Kleanthes, Chrysippos) unterscheiden wir die mittlere (Panaitios, Poseidonios) und die jüngere = kaiserzeitliche (Seneca, Epiktet, Kaiser Mark Aurel). Zur Lehre der Stoa vgl. auch die Zweittexte Z 9, Z 21, Z 28 und Z 29 im Arbeitskommentar.

Stráto/Stráton aus Lámpsakos ist 287–269 der Nachfolger →Theophrasts in der Leitung des Lykeion (→Aristoteles); seinen Beinamen 'physicus' verdankt er seiner Lehre von der Bewegung und vom Vakuum.

Tháles aus Milet (ca. 624–546), einer der Sieben Weisen, ist der Begründer der sog. ionischen Naturphilosophie. Er führt den Ursprung der Dinge und der Welt auf das belebte Feuchte (Wasser) zurück.

Theophrástus/Theophrást von Lesbos (ca. 370–287) gilt als bedeutendster Schüler des →Aristoteles und ist auch sein Nachfolger in der Leitung des Lykeion, er hat wenigstens 34 Bücher mit politischen Schriften verfaßt.

Timágoras: ein offenbar umstrittener →Epikureer

Xenócrates/Xenókrates aus Kalchédon (ca. 396–313) ist Nachfolger des →Speusipp in der Leitung der →Akademie und wie dieser von pythagoreischem Gedankengut beeinflußt.

Xenóphanes aus Kólophon (ca. 570–475) ist der Begründer der Philosophenschule der Eleaten (nach Eléa in Unteritalien); er setzt das ewige und unveränderliche Eine mit Gott gleich, als reine wirkende Geistigkeit, die nichts Menschenähnliches mehr an sich hat.

Xénophon aus Athen (ca. 430–354) ist wie →Platon ein Schüler des →Sokrates, der auch sokratische Dialoge schrieb; bekannter ist er als Historiker und Sachbuchautor.

Zéno/Zénon aus Kítion auf Zypern (335–262) begründet um 300 in der „Bunten Halle" (Stoà poikíle) in Athen die →Stoa genannte Philosophenschule; seine Lehre ist nicht klar von der anderer Stoiker (besonders Chrysipps) zu scheiden.

ANSCHAULICH

PHILOSOPHIEGESCHICHTE

Geschichte der Philosophie in Comics

Das griechische Denken

Von D. Casamassima, deutsch von H. Schareika

Eine überraschende, hervorragende Idee: *Griechische Philosophie in Comicform.* In den Szenen von den ionischen Naturphilosophen bis zu Plotin sprechen die „Männer mit Bart" aus ihrer ins Bild gesetzten Umwelt heraus mit Worten, die aus ihren Quellen geschöpft, teils wörtlich zitiert sind; auch das Szenario und die übrigen Akteure sind aus den Quellen entwickelt. Ein „Mentor" geleitet den Leser durch die Welt des griechischen Denkens und seiner Denker. So werden nicht nur die zentralen Fragen und Antworten der griechischen Philosophen und die Linien der Enwicklung ihres Denkens unmittelbar verständlich, sondern auch die jeweiligen historischen Wurzeln, denen sie entsprangen.

Ausführliche erläuternde Indizes zu Begriffen, Namen und Orten sowie eine Karte der östlichen Mittelmeerwelt mit Angabe der Wirkungsstätten der griechischen Denker ergänzen den Band.

Flexibler Einband, 104 Seiten, vierfarbig	**6673**	27,--	◔

Klett

Ernst Klett Schulbuchverlag, Postfach 10 60 16, 70049 Stuttgart